EINE KULINARISCHE ENTDECKUNGSREISE

durch das Oberallgäu

Tosca Maria Kühn
Yves Hebinger

EINE KULINARISCHE ENTDECKUNGSREISE

durch das Oberallgäu

MIT DEN BESTEN REZEPTEN AUS DER REGION

UMSCHAU

Burgruine Falkenstein

Engel
Schrothkurhotel
Alpengasthof

OA Schönes Allgäu

Oberallgäu

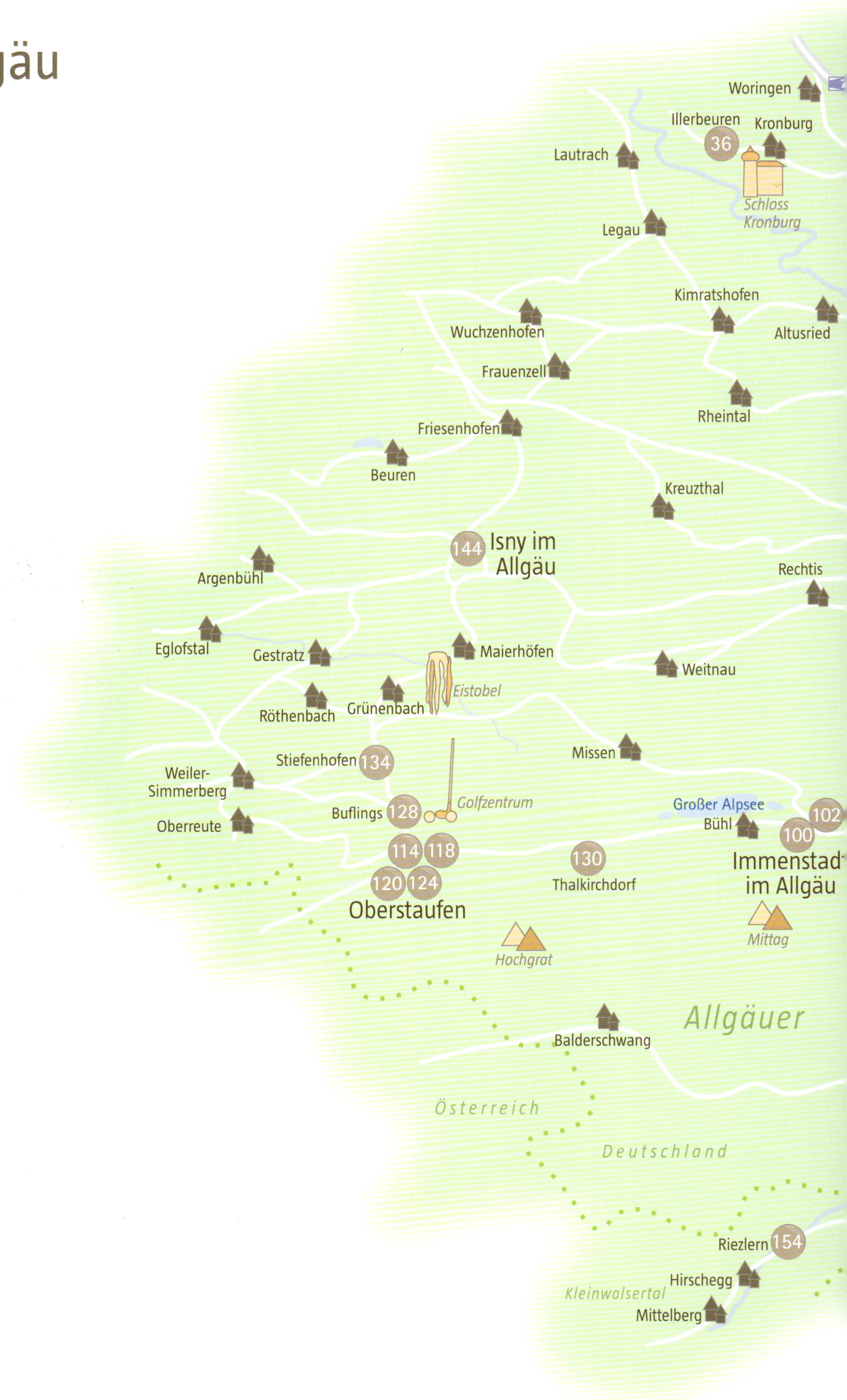

Woringen
Illerbeuren
Kronburg
36
Lautrach
Schloss Kronburg
Legau
Kimratshofen
Altusried
Wuchzenhofen
Frauenzell
Rheintal
Friesenhofen
Beuren
Kreuzthal
144
Isny im Allgäu
Rechtis
Argenbühl
Eglofstal
Gestratz
Maierhöfen
Weitnau
Eistobel
Röthenbach
Grünenbach
Missen
Stiefenhofen
134
Weiler-Simmerberg
Golfzentrum
Buflings
128
Großer Alpsee
Bühl
102
100
Oberreute
114
118
130
Immenstadt im Allgäu
120
124
Thalkirchdorf
Oberstaufen
Hochgrat
Mittag
Allgäuer
Balderschwang
Österreich
Deutschland
Riezlern
154
Hirschegg
Kleinwalsertal
Mittelberg

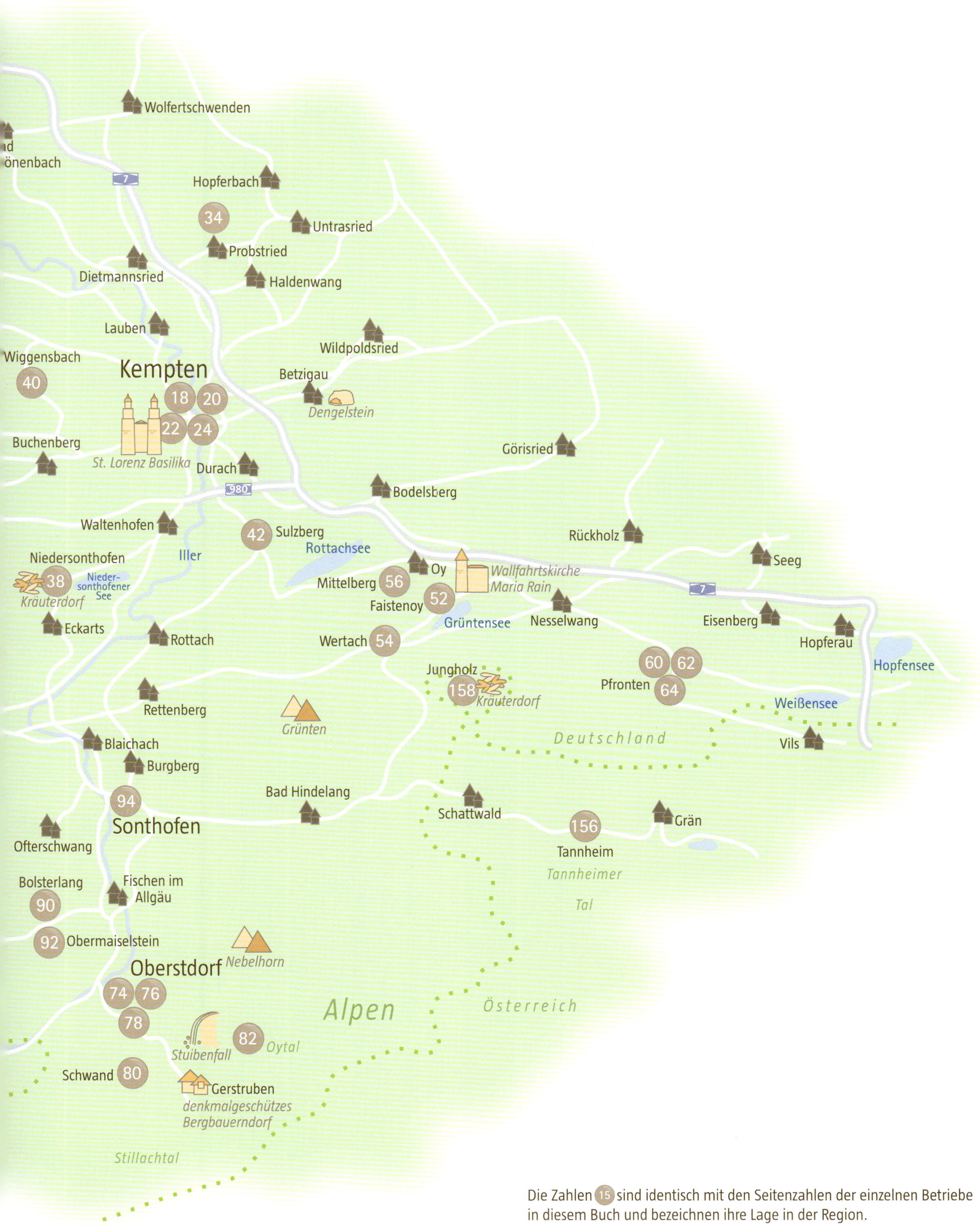

Die Zahlen (15) sind identisch mit den Seitenzahlen der einzelnen Betriebe in diesem Buch und bezeichnen ihre Lage in der Region.

Vorwort

Verstreut zieren wattegleiche Wölkchen den hellblauen Himmel. Das satte Grasgrün der Bergwiesen mischt sich mit dem Dunkelgrün der hohen Tannen und dem Graugrün der dazwischen liegenden Felsen. Zerklüftet und wild wirken die Oberallgäuer Berge, zugleich aber besänftigt durch die weich gemalten, hügeligen Bergzüge davor. Ganz hinten am Horizont krönen letzte Schneefleckchen die Gipfel der Allgäuer Alpen. Es ist Juni, die Sonne brennt heiß vom Himmel, und doch hat dort ganz hoch droben in den Bergen die Schafskälte der vergangenen Tage ihre Spuren hinterlassen. Wenige Monate sind es nur, in denen sich auch die allerhöchsten Gipfel im Oberallgäu schneefrei zeigen.

Ein lauer Wind streicht durch die Sommerwiesen, wiegt Hahnenfuß, Wiesenschaumkraut, Spitzwegerich, Kuckucksblumen, Rot- und Weiß-Klee. Wer innehält, um dieses Bild genauer zu betrachten, wird mit dicken, summenden und brummenden Hummeln und unterschiedlichsten Schmetterlingen in schillernden Farben mit gemäldegleich gemusterten Flügeln belohnt. Irgendwo in den Bäumen zwitschert ein Vogel. Bei genauerem Hinhören sind es sogar mehrere, die in den umliegenden Bäumen und Sträuchern schwatzen und tratschen. Zart und scheinbar weit entfernt her klingen dagegen die Glocken der Allgäuer Kühe auf den Almweiden. Es riecht lieblich nach warmer, trockener Erde, jungem Gras und Wiesenblumen. Und egal, ob man nun den Blick oder die Gedanken schweifen lässt, irgendwann verlieren sich beide in der Schönheit der Natur zwischen Gebirgen und Gipfeln, Wiesen und Wäldern. Man möchte diesen Moment aufsaugen, festhalten und für immer im Herzen tragen.

Das Beschriebene könnte irgendwo und überall im Oberallgäu sein. Ich für meinen Teil sitze auf einem Feldweg oberhalb von Wertach. Keine Panoramabank, kein ausgewiesener Aussichtspunkt. Ich sitze einfach nur so, inmitten von Viehweiden.

Irgendwo links unten liegt der malerische Grüntensee, umsäumt von kleinen Dörfern und Weilern. Ganz rechts ragt die Spitze eines markanten Berges in den Sommerhimmel: es ist der majestätische Grünten oder Wächter des Allgäus, wie er auch genannt wird. Direkt vor mir genieße ich den freien Blick auf das wildromantisch zerklüftete Sorgschrofenmassiv, zu dessen Füßen Jungholz liegt, eine kleine Tiroler Enklave inmitten des Oberallgäu. Und hinter mir erhebt sich die sanft gemalte Ellegghöhe. Vereinzelt idyllisch gelegene Bauernhöfe, ansonsten Allgäuer Blumenwiesen und weite Weiden mit grasenden Kühen. Einmalig schön, möchte man meinen, und doch bietet sich einem schon wenige Schritte weiter ein nicht minder betörendes Bild.

Genau das ist das Geheimnis des Oberallgäus: Hier gibt es zahllose „schönste Plätze". Sie warten nur darauf, entdeckt zu werden. Sie zu finden, verlangt weder Steigeisen noch Wanderkarten noch einen besonders ausgeprägten Orientierungssinn. Es reicht, offenen Auges und offenen Herzens loszuziehen und ab und an einen Augenblick innezuhalten. Und schon hat man ihn gefunden, den schönsten Platz im Oberallgäu, und wenig später den nächsten ...

Wer von hier kommt, weiß, was ich meine. Und wer hierherkommt, wird es selbst herausfinden.

Mein Kollege Yves Hebinger und ich wünschen viel Spaß!

Tosca Maria Kühn *Yves Hebinger*

St.-Lorenz-Basilika

Residenzgarten

Prachtvolle Kirchen, spannende Museen und alte Patrizierhäuser

Ich starte meine Tour durch die Kemptener Innenstadt am Hildegardsplatz. Auf den Stufen der prächtigen St.-Lorenz-Basilika sitzend genieße ich die abendliche Szenerie. Die Kloster- und Pfarrkirche der einstigen Benediktinerabtei Kempten mit ihren zwei Türmen und der Kuppel ist das Wahrzeichen der Stadt und gilt als erster, großer Sakralbau im süddeutschen Raum nach dem Dreißigjährigen Krieg.

Von hier aus habe ich einen schönen Blick auf das geschichtsträchtige Kornhaus. Es prägt seit über 300 Jahren das Stadtbild von Kempten und beheimatet heute mit dem Allgäu-Museum das zentrale Museum für die Geschichte der Stadt Kempten und für die wichtigen Themen des Allgäus der vergangenen Jahrhunderte. Gleich gegenüber: die historische Gaststätte Zum Stift mit dem herrlichen Biergarten und den alten, hohen Kastanienbäumen.

Gespannt trete ich meinen Fußmarsch an, um nur wenige Meter weiter auf dem Residenzplatz bereits den nächsten Halt einzulegen. Es ist schwer möglich, an der herrlichen Residenz einfach so vorbeizuspazieren. Das Wasserspiel davor bietet einen schönen Platz, um den mächtigen Bau in Ruhe zu betrachten und wirken zu lassen. Die monumentale Anlage war einst Kloster und Regierungssitz in einem und birgt auch heute noch eine reiche Rokoko-Ausstattung in ihrem Innern.

Ich überquere die Straße in Höhe des Zumsteinhauses, in dem sich das Römische und das Naturkundemuseum befinden, und schlendere gemächlich weiter durch den Stadtpark. Ringsherum hohe schattenspendende Bäume, farbenfrohe Blumenarrangements und etwas weiter vorne ein idyllisch eingewachsener Teich. Am modernen Lyzeum vorbei führt mich mein Weg mitten in die Fußgängerzone. Ich tauche ein ins Gewimmel und Gewusel und lasse mich in der Menge treiben. Von irgendwoher klingt Straßenmusik, und überall, wo es Eis gibt, scheinen sich die Menschen zu sammeln, um an diesem warmen Sommerabend eine süße Erfrischung zu genießen. Mit einem Mal tut sich der Blick auf die Altstadt und das historische Rathaus mit den vielen Straßencafés ringsum auf. Ich schreite langsam die breite, imposante Freitreppe hinab und lasse den weiten Blick über den Rathausplatz auf mich wirken. Unten angekommen ist es gleich das erste Haus auf der rechten Seite, das meine Aufmerksamkeit erregt. Das detailge-

Freitreppe

treu renovierte Neorokokogebäude in zartem Rosa und Weiß, mit der Schweifgiebelfassade zur Rathausstraße hin, trägt noch immer die kunstvoll geschwungene Aufschrift „Drogerie Zorn" von einst. Ganz früher einmal war dieses historische Haus ein Kloster gewesen, heute befindet sich darin ein trendiges In-Café in modernem Design. Ich bummle die Rathausstraße entlang und betrachte schöne alte Patrizierhäuser wie den Londoner Hof mit der Rokokofassade oder das Alte Zollhaus, in dessen Innerem gotische Wandmalereien prangen. Spannende Gebäude, die in den vergangenen Jahrhunderten vieles gesehen und erlebt haben und die ihren ganz eigenen Charme versprühen. Ich bewundere den romantischen alten Rathausbrunnen und komme schließlich zur gotischen St.-Mang-Kirche. Der spitze hohe Kirchturm ragt fast 60 Meter hoch in die Luft und ist weithin zu sehen.

Ein kurzer Fußmarsch noch und ein kurzer Anstieg, dann habe ich mein Ziel erreicht: die Burghalde. Von hier oben hat man einen herrlichen Blick auf den zurückgelegten Weg. Das Wärterhaus birgt zudem das spannende Allgäuer Burgenmuseum. In rekonstruierten Rittersälen kann das Leben von einst auf eindrucksvolle Weise nachempfunden werden. Und die geschichtlichen Hintergründe zu

St.-Lorenz-Basilika

Rathausplatz

den Burgen und ihren Bewohnern rücken die landläufige Meinung über Raubrittertum und das finstere Mittelalter ins richtige Licht.

Ich mache eine ausgiebige Pause auf der romantischen Burghalde, bevor ich erfüllt von den Eindrücken der letzten Stunden meinen Rückweg antrete.

Natürlich hat die Stadt Kempten noch viel mehr zu bieten: den Archäologischen Park Cambodunum beispielsweise, dessen Ausgrabungen wie der gallorömische Tempelbezirk mit Tempelbauten, Altären und einer Badeanlage, Geschichten aus der römischen Vergangenheit der Stadt erzählen. Besonderer Höhepunkt ist auch das Alpinmuseum, das größte alpingeschichtliche Museum Europas. Derzeit kann in einer Sonderausstellung das Bergleben von anno dazumal auf einzigartig schönen, überlebensgroßen Schwarz-Weiß-Fotografien bewundert werden.

Man kann Stunden in den verschiedenen Kemptener Museen verbringen ...

Wer aber nur ein Stündchen oder zwei mitbringt und trotzdem einen Eindruck von der geschichtsträchtigen Stadt mit ihren herrlichen Plätzen, historischen Gebäuden und romantischen Ecken und Winkeln bekommen möchte, dem lege ich den beschriebenen Spaziergang ans Herz und wünsche viel Freude dabei.

Magnuskirche in St. Mang

Burg Halde

Blick auf das Kornhaus und die Gaststätte Zum Stift

„Mit kreativen Aktionen wie der ‚Klosterküche' lässt Jürgen Berkmiller längst vergessene Gerichte wieder aufleben."

Tosca Maria Kühn, Autorin

Brauereigaststätte Zum Stift

Jürgen Berkmiller hat als Küchenchef die Brauereigaststätte Zum Stift schnell ins Gespräch gebracht. Und in den Jahren, die er in der Stift-Küche gewirkt hat, ist es ihm zusammen mit seinem Team gelungen, das Traditionshaus zum ersten Haus am Platze zu machen. Inzwischen ist er Gastgeber und Wirt im Stift, und trotzdem vergeht kein Tag, an dem er nicht in der Küche zu finden ist. Viele seiner Gäste begrüßt er mit Namen und Handschlag, und durch seine kreativen Aktionen wie beispielsweise die „Klosterküche" ist jeder Besuch in dem urigen Gebäude mit jahrhundertelanger Brautradition ein Erlebnis. So lässt Jürgen Berkmiller längst vergessene Gerichte wie die „Bierbrotsuppe", den „Scheiterhaufen" oder die „Herrgotts B'scheißerle" wiederaufleben. Letztere sind Maultaschen, von denen man sagt, die Mönche hätten sie erfunden, um in der Fastenzeit das Fleisch in einem Teigmantel zu verstecken. Während der „Wildwochen" kann man in der Brauereigaststätte neben Reh und Hirsch auch Fasan, Wildschwein oder Wachteln genießen. Und der alljährliche Höhepunkt im Stift sind selbstverständlich die „Bockbierwochen". In dieser Zeit steht alles im Zeichen des Gerstensafts: Die Hausmetzgerei fertigt die legendäre „Stifts Bockbierwurst", die Braten werden mit Dunkelbiersoße serviert und die Naschkatzen unter den Gästen werden mit Bierpralinen verwöhnt. Beim wöchentlichen Bockbierfest verwandelt sich das Brauhaus mit dem urigen Gewölbe in ein Bierzelt mit Bayerischer Band. Und auch der „Tag des Bieres" wird im Stift traditionell mit Zwickel-Anstich und Biermenü begangen. Wer experimentierfreudig ist, kommt zum „Schweinskopf"-Essen in die rustikale Schwemme. Und wer's lieber klassisch mag, der genießt an einem herrlichen Hochsommertag im Biergarten ein erstklassiges Weißwurstfrühstück unter den riesigen alten Kastanienbäumen. Kurz gesagt, die Brauereigaststätte Zum Stift ist ein aufregendes Haus mit spannender Historie, einem tollen Team und hervorragender Allgäuer Küche mit Bayerischem Akzent.

Kalbsrückensteak mit Kräuter-Morchel-Füllung und Weißbiernudeln

Das Rezept zur Spezialität des Hauses finden Sie auf Seite 26

Brauereigaststätte Zum Stift
Stiftsplatz 1
87439 Kempten
☎ 08 31 / 2 23 88
www.zum-stift.de

Spiegel's Genusstreff

„Mit der Neugierde wächst das Sortiment, die Qualität steht dabei immer im Vordergrund."

Volker Spiegel, Winzermeister und Brenner

Ein kurzes Gespräch mit Sigrid und Volker Spiegel und die Sonne geht auf. Die beiden Pfälzer strahlen eine solche Lebensfreude aus, dass ein Besuch bei Spiegel's Genusstreff fast etwas von Kurzurlaub hat. Ganz abgesehen von den köstlichen mediterranen Spezialitäten, die einen in dem schönen Laden an der Fischersteige im Herzen Kemptens anlachen. „Mit der Neugierde wächst das Sortiment", sagt Volker Spiegel mit einem Augenzwinkern und spielt dabei nicht nur auf die Vielfalt der Produkte an, sondern auch auf die Begeisterung und Leidenschaft, mit der die Spiegels selbst jeder neuen Lieferung entgegenblicken. Neben den mediterranen Schlemmereien stehen aber ganz klar die Brände im Mittelpunkt. Im familieneigenen Weingut in der Pfalz hat Volker Spiegel vor rund 30 Jahren eine eigene Brennerei aufgebaut und sich die Brennkunst von der Pike auf angeeignet. Die ersten großen Auszeichnungen folgten schnell und wurden bald zur schönen Regelmäßigkeit. „Die Qualität steht immer im Vordergrund", sagt Volker Spiegel und fügt lachend hinzu „bei mir kommt noch eine gewisse Experimentierfreude dazu." Der gelernte Winzermeister und Brenner hat schon fast alles ausprobiert: Tabakblätter, Bananen und andere exotische Früchte, Sanddorn oder Quitte, um nur einige wenige zu nennen. Heute umfasst das Sortiment an die 50 verschiedene Brände und über 30 Liköre aus eigener Herstellung, die selbstverständlich auch probiert werden können. Besonderheiten wie der „Rosen-Williams" oder der Kräuterlikör „Rambazamba" sind längst gefragte Dauerbrenner. Auch bei den Likören haben sich beispielsweise mit dem „Roten Weinbergpfirsich", der „Weinbrand-Walnuss-Sahne" oder dem „Grantapfellikör" längst Favoriten gefunden. Das passionierte Winzerehepaar Spiegel interessiert sich auch sehr für die Vielfalt der Weine im In- und Ausland, und so liegt es auf der Hand, dass sie neben den Bränden eine nicht alltägliche Weinauswahl in ihrem Sortiment haben – sogar mit Weinen aus eigener Kellerei. Es kommt nicht selten vor, dass Stammkunden mit ihrem Menüplan zu den Spiegels kommen und sich zu jedem Gang den perfekt harmonierenden Tropfen empfehlen lassen. Sigrid und Volker Spiegel haben mit ihrer Kompetenz und ihrer unglaublichen Herzlichkeit das ganze Allgäu erobert. Und für so manchen Gast ist der Besuch in Spiegel's Genusstreff längst fester Bestandteil des alljährlichen Urlaubsprogramms.

Spiegel's Genusstreff
Fischersteige 2
87435 Kempten
☎ 08 31/1 00 64
www.spiegels-genusstreff.de

SPIEGEL´s
Genusstreff
in der Fischersteige
Wein&Spirituosen

Drogerie Marl.Zorn
aran
aran

„Ursprünglichkeit, Einfachheit, Wärme, Präsenz“

Aran

Die vier Säulen der Aran-Philosophie

Modernes Design in alten Klostermauern: Das Aran in Kempten am Fuße der historischen Freitreppe fasziniert und begeistert von außen wie von innen. Das ehemalige Kloster in dem aufwendig renovierten Neorokkokogebäude mit den dicken Mauern und nostalgischen Gewölben bietet den idealen Rahmen für das moderne Designercafé. Schon beim Betreten lässt Chill-Out-Musik im „Cafe del Mar“-Stil einen Hektik und Straßentrubel vergessen. Es ist wie ein Auftakt zu einer Sinnesreise: Warmes Gold und stylisches Chocolate-Brown sind die dominierenden Farben. Demgegenüber wirken die frischen Blumen sowie die zahlreichen bonbonfarbenen Kerzen wie provokante Farbkleckse, mit denen gekonnt Akzente gesetzt werden. Und die zu kulinarischen Kunstwerken aufgetürmten „Eisberge“ mit außergewöhnlichen Speiseeiskreationen wie „Nuss-Nougat-Butterkeks“, „Mohn“ oder „Jogurette“ vervollständigen die Farbenpracht. Das Eis sowie die sündigen Kuchen, Torten und Pralinen sind selbst gemacht und entstehen in der hauseigenen Konditorei im ersten Stock. Wem der Sinn nach Herzhaftem steht, dem bietet sich eine vielfältige Auswahl: die klassischen Aran-Brote, ein Dutzend Aufstriche, gegrilltes Gemüse und verschiedene ausgefallene Suppen. Was heiße und kalte Getränke betrifft, gibt es wohl nichts, was es im Aran nicht gibt. Ob Biosäfte und -limonaden, verführerische Milchshakes, duftende Tees jeglicher Couleur und natürlich alle erdenklichen Kaffeespezialitäten: von den Klassikern bis hin zu Kaffee mit Zimt-, Nuss- oder Vanillearoma. So vielfältig und bunt die Auswahl an Getränken, Speisen und ausgefallenen Geschenken im Aran ist, so unterschiedlich sind auch die Gäste: Mütter mit Kindern, Geschäftsleute, verliebte Pärchen oder die typischen Freundinnen-Kleeblätter à la „Sex and the City“, die beim ausgiebigen Frühstück mit Croissant, Brioche, Saft, Prosecco, Milchkaffee und Bircher Müsli das Leben besprechen. An kalten Tagen finden solche Runden um den offenen Kamin oder auf den gemütlichen Fellkissen statt und im Sommer im lauschigen Innenhof des historischen Hauses oder direkt vor dem Aran mitten im Altstadtgetümmel.

Karibikbecher

Das Rezept zur Spezialität des Hauses finden Sie auf Seite 26

Aran
Brotgenuss und Kaffeekult
Fischersteige 8
87435 Kempten
☎ 08 31 / 54 02 95 80
www.aran.coop

meyer's EssBar

„Leichte Küche mit mediterranem Anklang, tolle Cocktails und ein sehr urbanes Flair machen meyer's EssBar zu einem beliebten Treffpunkt."

Tosca Maria Kühn, Autorin

Karotten-Ingwer-Suppe

Das Rezept zur Spezialität des Hauses finden Sie auf Seite 27

„Ly", wie Lydia Adolf liebevoll von Freunden genannt wird, hat ein unglaublich strahlendes Lächeln, das ihre tief wasserblauen Augen geradezu aufleuchten lässt. Obwohl ihr Äußeres eher schwedische Wurzeln vermuten lässt, ist sie im Kern ein klassischer „Patron" – sie steht Tag für Tag ihren Mann. Und so kommt es äußerst selten vor, dass sie in ihrem eigenen Restaurant nicht persönlich anzutreffen wäre. Dabei kümmert sie sich immer und mit viel Begeisterung um das Wohl ihrer Gäste. Wer etwas auf dem Herzen hat, findet bei Lydia Adolf ein offenes Ohr, und wer seine Ruhe und ein leckeres Mittag- oder Abendessen genießen will, ist ebenfalls goldrichtig. Die leidenschaftliche Gastgeberin hat einfach ein Gespür für die Bedürfnisse ihrer Gäste und ein besonderes Händchen für Details.

Kaum verwunderlich, dass die Gäste neben der guten Küche und dem tollen Service vor allem auch die schöne Atmosphäre loben. meyer's EssBar ist Lounge, mediterranes Restaurant, stylische Bar und sonnige Chill-out-Area in einem. Und dementsprechend vielfältig ist auch das Publikum: Frauen oder junge Mütter aus den umliegenden Gemeinden treffen sich hier zum Brunch, Geschäftsleute zur Mittagspause und Freunde zum Feiern. Gerade am Abend kommen die Gäste ganz gezielt aus der Innenstadt hierher, weil das stylische Restaurant neben vielen anderen Vorzügen durch seine Ortsrandlage auch gute Parkmöglichkeiten bietet.

Wer sich hier am Abend zum Essen und Feiern trifft, wird von Lydias Team umsorgt und kann sich dabei zudem am Anblick der feschen Mitarbeiterinnen erfreuen. Das Serviceteam ist aber nicht nur eine Augenweide, sondern vor allem absolut kompetent und auf Zack. Leichte Küche mit mediterranem Anklang, tolle Cocktails und ein sehr urbanes Flair machen meyer's EssBar zu einem beliebten Treffpunkt im Oberallgäu. Und besondere Veranstaltungen wie der „Tanz in den Mai" oder der „Australische Abend" sind immer ein großer Erfolg und oft noch Wochen später Gesprächsthema.

meyer's EssBar
Edisonstraße 2
87437 Kempten
☎ 08 31/5 40 69 99
www.meyers-kempten.de

Kalbsrückensteak mit Kräuter-Morchel-Füllung und Weißbiernudeln

Brauereigaststätte Zum Stift, S. 19

Zutaten für 4 Personen

Kalbsrückensteaks *800 g Kalbsrücken | 100 g getrocknete Morcheln | 100 g Zwiebeln | gemahlener Kümmel | Salbei, Petersilie und Thymian | Salz und Pfeffer*

Weißbiernudeln *200 g Mehl | 200 g Grieß | 1 Prise Salz | 4 Eier | 160 ml Weißbier | 1 TL Olivenöl*

Gemüse *400 g Babykarotten | 20 g Butter | 100 ml Weißwein | Salz, Zucker und Muskat*

Soße *die übrige Morchelfüllung | ¼ l Sahne | ⅛ l Weißwein | Salz und Pfeffer*

Zubereitung

Für den Nudelteig Mehl, Grieß und Salz vermischen und auf der Arbeitsplatte eine Mulde formen. Eier, Weißbier und Olivenöl hineingeben und zu einem glatten Teig verarbeiten. Den Teig in Klarsichtfolie wickeln und ruhen lassen.
Für die Steakfüllung die Morcheln, die bereits am Vortag in Salzwasser oder Weißwein eingeweicht wurden, grob zerkleinern. Salbei, Petersilie und Thymian klein hacken und mit fein gewürfelten, in der Pfanne angeschwitzten Zwiebeln zu den Morcheln geben. Mit Kümmel, Salz und Pfeffer abschmecken.
Den Kalbsrücken in circa 2,5 Zentimeter dicke Scheiben schneiden. In jede Scheibe mit einem Messer seitlich eine Tasche schneiden, die Morchelmasse einfüllen und mit einem Spieß wiederverschließen. Die Steaks in der Pfanne circa 2 Minuten von jeder Seite anbraten, auf einen Teller geben und bei 100 °C im Backofen ruhen lassen. Bratensaft in der Pfanne mit der übrigen Morchelfüllung anschwitzen, mit Sahne und Weißwein ablöschen, etwas reduzieren und mit Salz und Pfeffer abschmecken.
Für das Gemüse Butter in einem Topf zerlassen, Salz und Zucker hinzufügen, die Babykarotten andünsten und mit etwas Mineralwasser ablöschen. Weißwein zugießen, im offenen Topf kochen und schließlich mit Muskat abschmecken. Den fertigen Nudelteig zu einer 2 Millimeter dünnen Platte ausrollen. In ½ Zentimeter breite Streifen schneiden und danach im kochenden, leicht gesalzenen Wasser „al dente" kochen.

Karibikbecher

Aran, S. 23

Zutaten für einen Becher

3 EL Ananas- und Mangowürfel | 2 Kugeln Kokoseis | 2 Kugeln Mangoeis | Batida de Coco | 1 TL Kokosraspeln | 2 Orangenscheiben | 1 Waffel | Johannisbeeren | 1 Raffaelo | Aprikosen-Mango-Sirup

Zubereitung

Etwa zwei Drittel der Ananas- und Mangowürfel in ein hohes Glas oder einen schlanken, tiefen Eisbecher füllen. Das Eis daraufgeben und nach Geschmack Batida de Coco darübergießen.
Mit den restlichen Ananas- und Mangowürfeln auffüllen, die Kokosraspeln darüberstreuen und mit den Orangenscheiben, der Waffel, den Johannisbeeren und dem Raffaelo dekorieren. Schließlich mit dem Aprikosen-Mango-Sirup verzieren.

Karotten-Ingwer-Suppe

meyer's EssBar, S. 24

Zutaten für 4 Personen

500 g Karotten | 1 Stück Ingwer (Größe nach Geschmack) | 1 Schalotte | Öl zum Dünsten | ½ l Hühnerbrühe | ½ l Orangensaft | Salz | 1 EL Crème Fraîche | Petersilie zum Garnieren

Zubereitung

Die Karotten, den Ingwer und die Schalotte klein schneiden und leicht in Öl andünsten. Mit Hühnerbrühe ablöschen und etwa 20 Minuten köcheln lassen. Orangensaft dazugeben, noch einige Minuten weiterköcheln lassen und anschließend fein pürieren.
Nach Belieben mit Salz abschmecken und mit Crème fraîche und Petersilie garniert anrichten.
Dazu Weißbrot oder geröstetes Toastbrot reichen.

Trinkkultur der Edelbrände

Tipp von Volker Spiegel, Spiegel's Genusstreff, S. 20

Um Edelbrandweine, Obstbrände, Zuckerrohrbrände, Weinbrände oder Wurzelbrände wirklich genießen zu können, sollten zweierlei Voraussetzungen gegeben sein: Zum einen empfiehlt es sich, das richtige Glas zur Hand zu haben und zum anderen sollte die Trinktemperatur stimmen. Zu warme, aber auch zu kalte Getränke verlieren leicht ihren spezifischen Geschmack und ihr Bukett. Zu kalt servierte Spirituosen täuschen auch oft über Geruchs- oder Geschmacksunreinheiten hinweg. Für den idealen Genuss sollten Edelbrände mit einer Temperatur von 15 bis 20 °C serviert und handwarm getrunken werden.
Beim Genuss besonderer Spirituosen spielt die Wahrnehmung mit allen Sinnen eine große Rolle. Dabei geht es um Klarheit und Farbe eines Edelbrands, um sein Aroma und um seinen Geschmack. Entscheidend für ein optimales Geschmackserlebnis ist dabei vor allem die Form des Glases. Aus einem Becher können die Geruchsstoffe nie optimal erfasst werden. Auch das sogenannte Stamperl, das „auf ex" hinuntergestürzt wird, ist nicht geeignet, um ein edles Produkt zu genießen. Besser empfehlen sich Cognacgläser oder Schwenker mit einer kleinen Öffnung und einem bauchigen Körper. Diese sogenannten Nose-Gläser bieten das beste Geruchserlebnis. Im bauchigen Körper können sich die Aromen sehr gut entfalten. Durch die Kaminform im oberen Teil des Glases werden sie konzentriert und verfliegen nicht. Auf diese Weise ist es möglich, das ganze Aroma optimal zu erfassen und höchsten Genuss zu erleben.

Sagen und Märchen rund um das Kemptner Umland

Wer Oberallgäu hört, denkt an sonnige Bergwanderungen durch idyllische Almwiesen mit friedlich grasenden Milchkühen. Natürlich stimmt dieser erste Gedanke, denn das Oberallgäu ist eine Region fürs Gemüt. Trübe Stimmung inmitten dieser Pracht ist schwer möglich und auch Regentage haben hier in erster Linie etwas Erfrischendes. Doch es gibt diese Stunden zwischen Tag und Nacht, diese besonderen Momente kurz vor Einbruch der Dunkelheit oder kurz vor einem gewaltigen Gewitter, in denen das Oberallgäu noch ein ganz anderes Gesicht zeigt: ein mystisches, geheimnisvolles und zwielichtiges Gesicht. Unwirklich wirkt dann die ganze Idylle und fast bedrohlich können einem dann die sonst so sehr geliebten Berge erscheinen. Dann liegt eine spürbare Spannung in der Luft, und Licht und Schatten spielen mit dem Betrachter ein irreführendes Spiel. Wer beispielsweise an einem späten Septembertag bei seinem Waldspaziergang in die Dämmerung gerät, der hört das Rascheln des Laubs unter seinen Füssen und das Knacken der Zweige im Unterholz mit einem Mal viel deutlicher, nimmt den Geruch von Erde, Holz und feuchtem Moos stärker wahr und spürt möglicherweise deutlich die Nähe der Waldtiere. Wenn in so einer Stimmung plötzlich ein Käuzchen ruft, zuckt der eine oder andere schon mal zusammen. In solchem Fall ist es ratsam, die Gedanken weg von all den Sagen, Geschichten und Märchen über die Region zu lenken und sich lieber auf den Heimweg zu konzentrieren. Östlich von Kempten beispielsweise liegt Betzigau, es soll seinen Namen den Bären verdanken, die hier einst vor langer, langer Zeit im großen Wald hausten. Etwas außerhalb von Betzigau, nahe dem Weiler Stein, scheint, zumindest von Weitem betrachtet, ein verfallener Turm emporzuragen. Mit jedem Schritt wächst das unförmige Etwas und aus der Nähe betrachtet entpuppt sich das Ganze als ein großer Findling. Dengelstein heißt der Nagelfluhfelsen, der in der Eiszeit durch den Illergletscher in diese einsame Moor- und Wiesenlandschaft des Kemptner Walds getragen wurde. Mehrere kleinere Steinblöcke rund um den Riesen lassen eine vor- oder frühgeschichtliche Kultstätte vermuten. In jedem Fall sagt man dem über acht Meter hohen Felsbrocken allerlei Seltsames nach. So höre man manchmal ein Dengeln und Hämmern von dem Findling her, als ob jemand eine Sense schärfe, heißt es.

Niedersonthofener See

Südlich von Kempten ist die Landschaft liebreizend, sanft und malerisch. Doch nicht weniger geheimnisvoll. So sind zwischen Sulzberg und Martinszell die Überreste der längst versunkenen Stadt Loia gefunden worden. Und rundherum um den nahe gelegenen, romantischen Niersonthofener See finden sich so manche besondere Menschen mit besonderen Fähigkeiten. Von einer Kräuterfee ist die Rede, von Wünschelrutengängern, von einem Ayurveda-Hof im über 400 Jahre alten Bauernhaus und sogar von einem buddhistischen Waldkloster nicht sehr weit von hier. Und bei so mancher Kräuterwanderung rund um das Allgäuer Kräuterdorf Niedersonthofen stehen „Hexenkräuter und Zauberpflanzen" im Mittelpunkt.

Auch ranken sich so einige Geschichten um den Niedersonthofener See. Er soll beispielsweise durch einen unterirdischen Kanal mit dem Hexenloch nahe des Alpsees bei Immenstadt verbunden sein. Vor langer Zeit, so die Sage, war bei Nacht und Nebel ein Fuhrmann mitsamt seinem Wagen und zwei Pferden in das Hexenloch geraten und versunken, um dann Tage später leblos im Niedersonthofener See mitsamt Fuhrwerk wieder auf-

Kirche in Niedersonthofen

Wasserlauf bei Niedersonthofen

zutauchen. Das Hexenloch sei im Übrigen entstanden, weil vor vielen hundert Jahren ein eitles Mädchen Brotstücke in eine Pfütze nahe dem Alpsee warf, um ihre neuen Schuhe nicht schmutzig zu machen und trockenen Fußes auf die andere Seite zu kommen. Doch das Brot weichte auf und das Mädchen versank im Boden, nicht aber ohne zuvor noch lautstark die Menschen vor Hochmut und Verachtung des Brotes zu warnen. Seit diesem Tag heißt dieser Ort Hexenloch.

Westlich von Kempten in Buchenberg bietet sich den Besuchern ein einzigartiges Experiment: der Wasserschmeckerweg. Wasserschmecker, so nennt man im Oberallgäu Wünschelrutengänger. Diese Menschen mit einer besonderen Strahlenempfindlichkeit gehen mit ihren Wünschelruten auf die Suche nach Wasseradern, Erdwerfungen oder Gitterkreuzen. Auf diesem etwa zwei Kilometer langen Rundweg sind Stellen, an denen Wasserschmecker fündig geworden sind, gekennzeichnet. So kann jeder für sich selbst herausfinden, ob er ein besonderes Gespür für erdmagnetische Wellen oder für die veränderte Strahlung der Erdoberfläche, eben beispielsweise durch Wasseradern, besitzt.

Burg in Sulzberg

An der Iller

Nördlich von Kempten werden die Berge und Hügel immer sanfter. Ich nehme mir die Freiheit, einen kleinen Abstecher ins Unterallgäu zu machen, um den nahe der Grenze zum Oberallgäu gelegenen Illerwinkel zu erkunden. Die richtige Region für eine romantische Hochzeit, habe ich mir sagen lassen. Und es stimmt.
Hoch oben, auf einer weithin sichtbaren Anhöhe, nimmt mich eines der schönsten Renaissanceschlösser Bayerns in Empfang: Schloss Kronburg. Die eindrucksvolle Vierflügelanlage thront über dem idyllischen Illerwinkel. Es ist ein Bild wie gemalt. Der Schlossherr selbst führe die Besucher, heißt es, und erzähle so manch Aufregendes und

loss Kronburg

Spannendes aus der jahrhundertelangen Schlossgeschichte. Regelmäßig finden auch Kammerkonzerte oder Feste auf Schloss Kronburg statt.

Ein ganz zauberhafter Ort für verliebte Spaziergänger ist die Pommersau an der Iller, vor allem im Frühling. Denn wenn der letzte Schnee geschmolzen ist, erlebt man hier ein ganz besonderes Naturschauspiel: Ein märchenhaftes Meer tausender, weiß leuchtender Märzenbecher erstreckt sich über den Boden. Ein perfekter Ort für einen Heiratsantrag ...

Und besondere Kirchen hat der Illerwinkel allemal zu bieten, allen voran die beiden bekannten Wallfahrtskirchen Maria Steinbach und Maria Schnee. Jede für sich ist auf ihre Weise prachtvoll und einzigartig schön.

Wer sich einen Überblick über die ganze Schönheit der Region verschaffen will, der macht auf dem Fluss eine romantische Schifffahrt mit dem Fischer Sepp, dem letzten noch aktiven Fährmann auf der Iller.

Ich beschließe meinen Ausflug in den Illerwinkel mit einem weiteren Höhepunkt: dem Besuch im bekannten Bauernhofmuseum Illerbeuren. Die nostalgischen, teils uralten Bauernhäuser mit den niedrigen Türen und kleinen Fenstern bieten einzigartige Einblicke in das Leben auf dem Land von einst. Mittendrin: Der Museumsgasthof im jahrhundertealten Bauernhof. An Romantik kaum zu überbieten ist dies für mich der ideale Ort, um den „schönsten Tag im Leben" zu feiern.

Museumsgasthaus Gromerhof

„Essen muss Spaß machen, und wir wollen unsere Gäste mit unserer Arbeit glücklich machen!“

Jürgen Weller, Gastgeber

Monika Kosche und Jürgen Weller sind ein starkes Team. Die beiden Vollblutgastronomen haben in erstklassigen Häusern gewirkt, und Jürgen Weller kocht nun schon seit Jahren Feinschmeckerküche auf höchstem Niveau. Mit dem Landhaus Weller in Probstried bei Kempten haben die beiden ihr persönliches Kleinod im Herzen des Allgäus gefunden und verwöhnen dort seit 2009 Einheimische und Gäste mit gehobener Küche. Jürgen Weller ist ein exzellenter Koch, der sehr bedacht zu Werke geht: Angefangen bei der Sorgfalt und Geduld, mit der er die Produkte für seine Speisen bei den heimischen Erzeugern aussucht, über die Gewissenhaftigkeit bei der Zubereitung bis hin zur Leidenschaft, mit der er über das Kochen spricht, man möchte fast sagen: philosophiert. Jürgen Weller hat höchste Ansprüche an sich selbst und seine Arbeit, zugleich aber auch das richtige Maß an Bodenhaftung und das nötige Einfühlungsvermögen, um gekonnt regionale Besonderheiten mit internationaler Spitzenküche zu vereinen und das spiegelt sich in jeder einzelnen seiner Kreationen wieder: So kombiniert er beispielsweise Rieslingkutteln mit Aal, aus klassischen Maultaschen werden Rehmaultaschen und der Bodenseezander bekommt ein schwarzes Risotto an die Seite. Der Ochsenschwanz wird in Form einer Praline serviert und der Karpfen als Würstchen. Jürgen Wellers Küche ist kreativ und unkonventionell, aber vor allem eines: gekonnt!

„Essen muss Spaß machen“, sagt Jürgen Weller, „und wir wollen unsere Gäste mit unserer Arbeit glücklich machen!“ Dazu trägt Monika Kosche als sympathische, einfühlsame und vor allem äußerst kompetente Gastgeberin in nicht unerheblichem Maße bei: Sie weiß, was sie tut, und vor allem, was ihre Gäste sich wünschen. Mit vielen liebevollen Details und ihrer aufmerksamen und zugleich selbstverständlichen Art und Weise schafft sie eine wunderschöne Atmosphäre und sorgt so für den angemessenen Rahmen.

Essen bei Monika Kosche und Jürgen Weller ist ein kulinarisches Erlebnis und das Landhaus Weller selbst ein echter Hauptgewinn für das Oberallgäu.

Lammvariation mit viererlei Bohnen und Kartoffelstampf

Das Rezept zur Spezialität des Hauses finden Sie auf Seite 44

Landhaus Weller
Wohlmutser Weg 2
87463 Dietmannsried/ Probstried
☎ 0 83 74 / 2 32 40 90
www.landhaus-weller.de

Museumsgasthaus Gromerhof

„Hinter einem unscheinbaren Äußeren verbirgt sich ein delikater Kern, das ist das Geheimnis der schwäbischen Küche."

Harald Müller, Gastgeber

Versoffene Jungfern

Das Rezept zur Spezialität des Hauses finden Sie auf Seite 44

Der Gromerhof liegt vor mir wie gemalt: Umrahmt von dem alten, mächtigen Kastanienbaum zu meiner Linken und den nostalgischen, alten Gebäuden des Bauernhofmuseums zu meiner Rechten, ist das über 600 Jahre alte Gasthaus mit dem wunderschönen Biergarten ein echter Blickfang. Die verspielte Fachwerkfassade, die alten Bauernhoffenster, die üppige Geranienpracht sowie die niedrige, dunkle Holztür lassen einen fast vergessen, welches Jahr geschrieben wird. Ein Rosenstock rankt sich farbenfroh bis fast unter das Dach empor, darunter plätschert ein Brunnen, und vom Dorfbäcker, nur wenige Meter weiter, weht der Duft von frisch gebackenem Brot herüber.

Ich trete durch die Türe, die einst das Haus von Sebastian Kneipp in Bad Grönenbach zierte, und muss erst einmal stehen bleiben und alles wirken lassen. Die alte Bauernstube ist hinreißend: niedrige Holzdecke, alter Kachelofen und eine bezaubernde Blumendekoration in den Fenstern und auf den Tischen. Etwas weiter hinten das einzigartige Apostelstüble, mit lebensgroßen Gemälden der Apostel auf Holz gemalt. Man möchte sich einfach nur hinsetzen und dableiben und natürlich auch essen. Ich genieße Mostsuppe, Krautkrapfen und Schloss Zeiler Hirschragout und als krönenden Abschluss die legendären Versoffenen Jungfern – ein Gedicht. Gastgeber und Küchenchef Harald Müller begrüßt mich herzlich und erzählt von der Gromerhof-Philosophie: Wir kochen schwäbisch, und in unserer Küche dreht sich alles um unsere Heimat. Ob bei Wasser, Wein, Bier, Fisch oder Fleisch, es zählen immer der kürzeste Weg und die höchste Qualität. Was auch immer aus der Region zu bekommen ist, wird im Gromerhof nach alten Hausrezepten zubereitet. „Hinter einem unscheinbaren Äußeren verbirgt sich ein delikater Kern, das ist das Geheimnis der schwäbischen Küche", verrät mir Harald Müller. Bereits zweimal mit dem Bayerischen Staatspreis in Gold für seine exzellente, heimische Küche ausgezeichnet, ist das Museumsgasthaus Gromerhof inzwischen auch weit über die Grenzen des Allgäus hinaus bekannt. Internationale Politprominenz zählt ebenso zu den Gästen wie die Stammtischrunde aus dem Dorf. Und ganz nebenbei ist der Gromerhof der ideale Ort für den schönsten Tag im Leben: Eine Hochzeit kann sowohl gemütlich im engsten Kreis als auch als großes rauschendes Fest gefeiert werden. Wer hier heiratet, wird sicherlich Unvergessliches erleben!

Museumsgasthaus Gromerhof
Museumsstraße 4
87758 Illerbeuren
☎ 0 83 94 / 5 94
www.gromerhof.de

71
Mühlenbergstr.

„Uns geht es darum, die Menschen daran zu erinnern, dass es gut ist, so wie sie sind."

Ayurveda-Hof Engel

Dunja Loipl, Heilpraktikerin und Ayurvedaköchin

Schon allein der Weg nach Niedersonthofen ist zauberhaft. Hier zeigt das Oberallgäu seine weiche, verspielte Seite. Idyllische Seen, duftende Blumenwiesen, sanfte Hügel und, etwas verborgen zwischen hohen, alten Bäumen, der Ayurveda-Hof Engel. Es ist einer dieser wenigen richt g heißen Hochsommertage im Oberallgäu und doch fallen plötzlich dicke, weiße Flocken vom Himmel. Pappelsamen umhüllen den über 400 Jahre alten Bauernhof und lassen ihn noch etwas märchenhafter erscheinen. Ein besonderer Ort. Und ich treffe besondere Menschen: Dunja Loipl und Ulrich Nachtsheim haben nach vielen Jahren der Suche in der ganzen Welt nicht nur einander, sondern auch ihre Bestimmung gefunden. Sie leben nach den Grundsätzen des Ayurveda und bieten neben Ayurvedischen Kuren auch Verwöhntage und Köstlichkeiten aus der Ayurvedischen Küche. „Uns geht es darum, die Menschen daran zu erinnern, dass es gut ist, so wie sie sind", sagt Dunja Loipl, die immer ein Strahlen in den Augen hat und der man gerne zuhört. „Die eigene Natur zu entdecken und das zu sein, wozu man gedacht ist, wäre das große Ziel", fügt die ausgebildete Heilpraktikerin und Ayurvedaköchin mit einem Lachen hinzu. Zusammen mit dem Ayurvedatherapeuten und Yoga-Lehrer Ulrich Nachtsheim begleitet sie ihre Gäste bei reinigenden Pancha-Karma-Kuren, himmlischen Rosentagen oder bei einem ayurvedischen Verwöhnabend für zwei ein Stückchen auf dem Weg zurück zu sich selbst. Nach Absprache verwöhnt das Engelteam Gäste auch mit einem Ayurvedischen Frühstück in der urigen Holzstube des Ayurvedahofs. Auf weichen Schaffellen sitzend, die fast unwirkliche Ruhe atmend und die mit Blüten und Kräutern garnierten Ayurvedischen Speisen genießend, ist solch ein Frühstück Kraftquelle und Inspiration in einem. Im noch warmen Müsli finden sich Dinkel, getrocknete Früchte, Leinsamen und Sonnenblumenkerne, das gekochte Obst hat eine Pfeffer-, Vanille-, Koreander- oder Safrannote und der Kräuterfrischkäse ist mit Kurkuma, Thymian oder Oregano abgerundet. Ingwerwasser, aromatische Tees und Ayurvedischer Kaffee sollen nicht nur den Durst stillen, sondern schärfen zudem die Sinne und machen fit und wach. Betrachtet man die Landkarte, so führt die Reise zum Ayurveda-Hof Engel auf den ersten Blick nach Niedersonthofen, eigentlich aber führt sie noch viel weiter, nämlich zu einem selbst.

Pfeffer-Safran-Birnen in Kokosmilch

Das Rezept zur Spezialität des Hauses finden Sie auf Seite 45

Ayurveda-Hof Engel
Mühlenbergstraße 71
87448 Niedersonthofen
☎ 0 83 79 / 92 92 16
www.ayurvedahof.de

Filz Art – Filzwerkstatt

„Filzen ist für mich die Freiheit, meine Krativität auszuleben, es ist eine Sinnesreise, Meditation und körperliche Anstrengung."

Elke Notz, Filz-Kunst-Schaffende

Zu einem perfekten Essen gehört für mich auch das passende Drumherum, und so habe ich bei meiner Reise durch das Oberallgäu auch immer nach besonderer Tischdekoration Ausschau gehalten. Gefunden habe ich sie in der Filzwerkstatt Filz Art im Herzen von Wiggensbach. Eine fröhliche Farbenpracht aus strahlendem Sonnengelb, feurig-leuchtendem Orange, kräftigem Türkis, hellem Apfelgrün, zartem Rosa, verträumtem Lila, blassblauem Aquamarin und knalligem Pink empfängt die Besucher und bringt ihre Augen zum Leuchten. Denn das, was Elke Notz aus den Ballen gefärbter Merino-Schafwolle herstellt, ist bezaubernd. Der Anblick der gefilzten und spielerisch verzierten Taschen, Gefäße oder Tischsets stimmt fröhlich und macht Lust auf mehr. Im hinteren Teil des Ladens liegt die Werkstatt. Hier gibt die sympathische Künstlerin Kurse und unterstützt die Teilnehmer bei der Verwirklichung ihrer eigenen Ideen.

Elke Notz und das Filzen, das war Liebe auf den ersten Blick. Ein einziger gefilzter Faden, den die Tochter einst von einem Kindergeburtstag mitgebracht hat, war Auslöser für eine nun schon viele Jahre andauernde Leidenschaft. „Schon als Kind hat mich Handarbeit begeistert", sagt sie, „dieses aus scheinbar Wertlosem was Schönes machen, ist einfach faszinierend."

Heute ist das Filzen ihr Beruf und sie hat auch schon große Erfolge mit ihren Arbeiten feiern dürfen. Für namhafte Filme und Serien hat sie Masken, Requisiten und Kleidungsstücke geflitzt, und für ihre kreativen Skulpturen aus Filz und Holz oder Eisen hat sie bei ihren Ausstellungen großen Beifall bekommen. „Diese Arbeit ist für mich unglaublich emotional", sagt Elke Notz. Sie erzählt vom Zupfen und Legen der weichen, zarten Schafwollfasern, das fast etwas Meditatives hat, vom spielerischen Verzieren, bei dem man seiner Kreativität freien Lauf lassen kann, und schließlich vom anstrengenden Reiben und Walken, das enormen körperlichen Einsatz erfordert. „Wenn die mühevolle Arbeit gemacht ist und man dann das fertige Werk vor Augen hat, versetzt einen das in eine wahre Hochstimmung", strahlt Elke Notz.

Nicht schwer vorzustellen beim Anblick der nostalgisch anmutenden Bestecktaschen, mit gefilzten Blüten liebevoll verzierten Tischsets, verspielten Schalen oder filzummantelten Windlichter. Jedes Teil ein Unikat und von Elke Notz handgefertigt, und in jedem Teil steckt ein Stück ihrer positiven Energie. Wer einem besonderen Essen also den angemessenen Rahmen verleihen möchte, der findet in der Filzwerkstatt Filz Art das Tüpfelchen auf dem i.

Filz Art – Filzwerkstatt
Kempter Straße 3
87487 Wiggensbach
☎ 0 83 70 / 92 12 65

„Wir versuchen, unsere Gäste da abzuholen, wo sie gerade sind und wünschen uns, dass sie ‚mit sich selbst' wieder abreisen."

Simone Schultes, Gastgeberin

Flair Hotel Sulzberger Hof

Eingebettet in sanftes Grün mit herrlichem Blick auf wildromantische Wälder und Wiesen liegt am Rande von Sulzberg bei Kempten das Flair Hotel Sulzberger Hof. 2009 haben Simone und Hubert Schultes, beide ursprünglich aus dem Spessart, hier im Allgäu gefunden, wonach sie so lange gesucht haben: ein Hotel, das darauf wartet, aus seinem Dornröschenschlaf erweckt zu werden. Der gelernte Koch und die Reiki-Meisterin sind mit viel Liebe und Begeisterung zu Werke gegangen und haben in nur wenigen Monaten aus dem Sulzberger Hof ein ganz besonderes Haus gemacht. Ein Haus, in dem der Gast als Ganzes gesehen und verwöhnt wird. So genießen die Besucher im Flairhotel auch Massagen, Reiki-Anwendungen, Mentaltraining, Meditation oder Nordic Walking. „Wir versuchen, unsere Gäste da abzuholen, wo sie gerade sind", sagt Simone Schultes, „und wir wünschen uns, dass der Gast anreist ‚und mit sich' selbst wieder abreist". Einen großen Teil zum Wohlfühlgefühl der Gäste trägt dabei ohne Frage die hervorragende Küche von Hubert Schultes bei. Aufgewachsen auf einem Bauernhof mit Metzgerei und Gastwirtschaft, hat er gute, bodenständige Küche von der Pike auf gelernt. Frische Zutaten der jeweiligen Saison und Produkte aus der Region sind für ihn Pflicht. Daraus macht er eine Kür und die beherrscht Hubert Schultes perfekt.

Nicht ohne Grund ist er gleich zweimal in Unterfranken Landkreissieger für die Bayerische Küche

Tafelspitz mit Kartoffeln und Rote-Bete-Salat

Das Rezept zur Spezialität des Hauses finden Sie auf Seite 45

geworden. Besonders sein gutes Händchen für leckere Braten-Gerichte hat in kürzester Zeit die Runde gemacht. Und so kommen neben Urlaubern auch viele Einheimische, um seine Spezialitäten wie Tafelspitz, Fränkischen Sauerbraten und Krustenbraten zu genießen oder auch einfach, um sich auf der Sonnenterrasse des Sulzberger Hofs mit seinen selbst gebacken Naschereien den Nachmittagskaffee zu versüßen. Krönung des Ganzen: einer der Schnäpse, die Hubert Schultes in der eigenen Brennerei gebrannt hat. „Wir fühlen uns hier nicht bedient, sondern umsorgt", höre ich von den Gästen und augenzwinkernd fügen sie hinzu: „die Gefahr, dass wir wiederkommen, ist groß".

Flair Hotel Sulzberger Hof
Sonthofner Straße 17
87477 Sulzberg
☎ 0 83 76 / 92 13 30
www.sulzberger-hof.de

Lammvariationen mit viererlei Bohnen und Kartoffelstampf

Landhaus Weller, S. 35

Zutaten für 6 Personen

Lammvariation *1 Lammschulterstück vom dünnen Bug | 1 Lammrückenstrang mit 6 Koteletts | 1 Lammfilet | 6 Lammbratwürste à 20 g | Thymian, Rosmarin | 1 Knoblauchzehe | Fleur de Sel | Pfeffer*

Kartoffelstampf *4 mehlige Kartoffeln | Muskat | 100 ml Olivenöl | 4 TL schwarze Oliven | 2 rote Paprika | Salz, Pfeffer*

Bohnengemüse *3 breite Bohnen | 8 Borlottibohnen | 18 gelbe Buschbohnen | 18 grüne Buschbohnen | Bohnenkraut | 12 EL Lammjus | 1 Knoblauchzehe | 1 TL Minze, in Streifen geschnitten | Olivenöl zum Anbraten | Fleur de Sel | Salz, Pfeffer*

Zubereitung

Das ausgelöste Lammschulterstück mit Fleur de Sel und Pfeffer würzen, mit Thymian und Rosmarin anbraten. Zusammen mit etwas Olivenöl in einen Vakuumbeutel geben und im Wasserbad bei 60 °C circa 5 Stunden garen.
Die Lammkoteletts und das Lammfilet salzen, pfeffern, mit Thymian, Rosmarin und einer Knoblauchzehe anbraten und 60 Minuten bei 80 °C im Ofen garen. Die Kerntemperatur sollte nicht mehr als 55 °C betragen.
Die Lammbratwürste anbraten.
Die ungeschälten Kartoffeln im Ofen bei 160 °C etwa 1 Stunde garen. Schälen, pürieren, mit Salz, Pfeffer und Muskat abschmecken sowie Olivenöl und gehackte Oliven zugeben. Paprika vierteln, von den Kernen befreien, in drei Zentimeter lange Streifen schneiden und diese in etwas Olivenöl anbraten. Abschmecken und abwechselnd mit dem Kartoffelstampf in hohe Ausstecher schichten.
Sämtliche Bohnen mit Fleur de Sel und Bohnenkraut in heißem Wasser kurz blanchieren. Anschließend in Olivenöl anschwitzen, salzen und pfeffern. Schließlich die Lammjus mit einer blanchierten und in Streifen geschnittenen Knoblauchzehe und der ebenfalls in Streifen geschnittenen Minze vollenden.

Versoffene Jungfern

Museumsgasthaus Gromerhof, S.36

Zutaten für 4 Personen

4 Brötchen (gerne vom Vortag) | ½ l trockenen Most | 100 g Mehl | ⅛ l Sahne | 4 Eier | 35 g Zucker | 1 Päckchen Vanillezucker | Butterschmalz zum Ausbacken | Zimt und Zucker

Zubereitung

Die Brötchen halbieren und über Nacht in Most einweichen.
Am nächsten Tag alle übrigen Zutaten zu einem Teig verrühren.
Reichlich Butterschmalz in einem Topf erhitzen. Die Brötchen leicht ausdrücken, durch den Teig ziehen und im heißen Schmalz goldbraun ausbacken.
Die Versoffenen Jungfern mit einem Schaumlöffel aus dem Fett heben und zum Abtropfen auf Küchenpapier legen.
Mit Zimt und Zucker bestreuen und warm mit Vanilleeis servieren.

Pfeffer-Safran-Birnen in Kokosmilch

Ayurveda-Hof Engel, S. 39

Zutaten für 4 Personen

1 Prise Safranfäden | 1 Prise Rohrrohrzucker | etwas Ghee (Butterfett ohne Eiweiß) | 3–4 schwarze Pfefferkörner | 4 Birnen, geschält und geviertelt | 300 ml Kokosmilch | Schale von ½ unbehandelten Orange | Ahornsirup, Rosenwasser (nach Belieben)

Zubereitung

Vorbereitend die Safranfäden in einer kleinen beschichteten Pfanne wenige Sekunden trocken anrösten und mit einer Prise Rohrohrzucker fein mörsern. Ghee in einer Pfanne schmelzen, den fein gemahlenen schwarzen Pfeffer circa 10 Sekunden darin anrösten, die Birnenviertel dazugeben und mit dem Pfeffer ummanteln. Das gemörserte Safran-Zucker-Gemisch auf die Birnen verteilen. Am Rand der Pfanne etwas Wasser zugießen, bis der Boden bedeckt ist. Die Pfanne mit dem Deckel verschließen und einige Minuten bei kleiner Hitze bissfest garen. Danach die Kokosmilch sowie den Abrieb der Orangenschale hinzufügen. Mit Ahornsirup und Rosenwasser abschmecken und warm servieren.

Tafelspitz mit Kartoffeln und Rote-Bete-Salat

Flair Hotel Sulzberger Hof, S. 43

Zutaten für 4 Personen

Rindfleisch *1,2 kg Tafelspitz | 1 Lauchstange | 5 Karotten | 1 kleine Sellerieknolle*

Meerrettichsoße *40 g Butter | 40 g Mehl | 800 ml Fleischbrühe | 200 ml Sahne | 200 g geriebener Meerrettich | 1 EL Salz | Pfeffer*

Rote-Bete-Salat *500 g Rote Bete | 1 Zwiebel | Essig, Öl | Zucker, Salz und Pfeffer*

Beilage *1 kg festkochende Kartoffeln | 200 g Preiselbeermarmelade*

Zubereitung

Gemüse würfeln. Fleisch bei geringer Hitze zusammen mit dem Gemüse in einem großen Topf circa 1 ½ bis 2 Stunden ziehen lassen.

Für die Meerrettichsoße die Butter in einem Topf schmelzen, Mehl zugeben und leicht bräunen. Mit Fleischbrühe ablöschen und aufkochen. Sahne und Meerrettich zugeben, mit Salz und Pfeffer abschmecken und leicht aufkochen.

Für den Rote-Bete-Salat die Rote Bete kochen, schälen und in Scheiben schneiden. Zwiebel würfeln und mit Essig, Öl und Gewürzen abschmecken.

Die Kartoffeln kochen und mit der Preiselbeermarmelade als Beilage reichen.

Sebastianskapelle

Eine Drei-Kirchen-Tour rund um den Grüntensee

Es ist heiß. Die Sonne brennt vom dunkelblauen Himmel, und im halbhohen Gras zirpen die Grillen ihr Lied. Vereinzelt zieren weiße Wolkenfetzen den dicht bewaldeten Grat im Hintergrund. Ich lausche dem Rauschen der Wertach und genieße den leichten, sanften Sommerwind, der etwas Erfrischung mit sich bringt.

Nur wenige hundert Meter trennen die Holzbank, auf der ich sitze, von Wertach, und doch scheint alles ringsherum weit weg zu sein. Hohe Laubbäume umgeben mich, hüten und beschützen diesen Ort, so scheint es, und offenbaren erst aus nächster Nähe sein Geheimnis: Die Sebastianskapelle, auch „Kleine Wies'" genannt. Manchmal denke ich, sie müsste auf einer grasbewachsenen Anhöhe stehen, damit sie von weit her gesehen und bewundert werden kann. Doch im gleichen Moment bin ich froh, dass sie etwas verborgen liegt und nicht so sehr belagert wird. So kann man die Ruhe und die Kraft, die der schlichte und zugleich eindrucksvolle Bau ausstrahlt, noch intensiver erleben. Man sagt, die Pestkapelle soll einst mit Steinen der nahegelegenen Burg Schlossbichl erbaut worden sein, und „Kleine Wies'" heißt sie, weil der Chorraum in kleinerem Maßstab der Architektur des Chores der berühmten „Wieskirche" in Steingaden nachempfunden ist. Wer sie von innen bewundern will, kann sich einer Führung anschließen oder einen Gottesdienst besuchen. Auf eigene Faust lässt sich das Innere der Sebastianskapelle durch ein großzügiges Seitenfenster erkunden. Dieser Blick in die Kapelle kommt dem Öffnen einer Schmuckschatulle gleich, in der kostbare Schätze liegen. Beim Betrachten dieses Kleinods macht sich ein Gefühl der Geborgenheit sowie der inneren Ruhe breit. Liegt die äußere Schönheit der „Kleinen Wies'" in ihrer Schlichtheit, so ist es im Inneren genau umgekehrt: Hier sind es die kunstvollen Fresken, das aufregende Altargemälde und die vielen kleinen Details, die den Besucher so fesseln. Auf der Rückseite der Sebastianskapelle, auf einer Holzbank direkt an der Kirchenwand, hänge ich meinen Gedanken nach. Würde mich jemand nach einem der viel besagten Kraftorte im Oberallgäu fragen, würde ich ihm von dieser Bank hinter der „Kleinen Wies'" erzählen. Mit der Kapelle im Rücken und dem Blick auf weiche Bergzüge, schattige Tannenwälder und bunte Sommerwiesen gibt einem dieser Ort sowohl ein solides Fundament als auch einen wohlwollenden Blick nach vorne.

Wallfahrtskirche Heilig Kreuz von Maria Rain

Blick auf die Wallfahrtskirche

Ich folge der Straße am Grüntensee entlang in Richtung Nesselwang. Ich lasse den Buron rechts liegen und erfreue mich am zauberhaften Anblick traumhafter Blumen und einem kleinen Feld mit Himbeersträuchern. „Zum Selberpflücken" steht auf einem Schild. Hätte ich nicht schon mein nächstes Ziel vor Augen, ich würd's tun. Ich halte mich links Richtung Oy-Mittelberg, um kurz darauf nach Maria Rain abzubiegen. Mit einem Mal tut sich vor mir ein Bergpanorama auf, das seinesgleichen sucht. Der Säuling mit seinem markanten Gipfel ragt direkt vor mir in den Himmel, und auch das Zugspitzmassive hebt sich so klar und deutlich vor dem blauen Sommerhimmel ab, dass ich meine, danach greifen zu können. Der Weg ist gesäumt von Wiesen und Weiden, auf denen Pferde und Kühe grasen. Und plötzlich ragt noch etwas zwischen den Berggipfeln in den Himmel:

der leuchtend weiße Kirchturm der Wallfahrtskirche Heilig Kreuz von Maria Rain. Der kleine Park direkt daneben bietet im Schatten schöner Laubbäume die Möglichkeit, die Wallfahrtskirche aus verschiedenen Perspektiven wirken zu lassen. Schon von außen imposant und eindrucksvoll, birgt das Innere der „schönsten Dorfkirche des Allgäus", wie man ihr nachsagt, wahre Schätze. Vor allem der prachtvolle Hochaltar lässt die Besucher staunen. Sein Ausbau zog sich über drei Jahrhunderte von der Spätgotik bis zum ausgehenden Rokoko und macht ihn schon allein dadurch einzigartig. Auch die Kanzel, getragen von einem überlebensgroßen Engel, ist ein wahres Prunkstück. Wer das Innere der Kirche genau erkunden möchte, darf sich ruhig etwas Zeit nehmen und wird Wunderbares entdecken. Etwas unterhalb der Wallfahrtskirche führt ein Waldweg zu den verschiedenen Stationen des Kreuzwegs, und wer sich noch etwas weiter den steilen Weg bergab wagt, kommt in das wildromantische Wertachtal. Beim Rückweg aus der tiefen Schlucht wirkt die Kirche noch imposanter. So taucht sie wie aus dem Nichts mit einer wahren Wucht auf und ragt auf ganz eindrucksvolle Art und Weise weit hoch in den Himmel.

Pfarrkirche St. Michael von Mittelberg

Blick auf die Pfarrkirche

Der kurze Weg von Maria Rain über Guggemoos nach Oy bietet an seinem höchsten Punkt einen der allerschönsten Ausblicke im ganzen Allgäu. Auf der einen Seite thront das übermächtige Zugspitzmassiv inmitten einer schroffen Felsenlandschaft und wird von markanten Berggipfeln umrahmt. Auf der anderen Seite umspielen weiche, grüne Grasberge, Hügel und verträumte Weiler den malerischen Grüntensee. Bewacht und beschützt vom hoch aufragenden majestätischen Grünten. Nur wenige Meter weiter sehe ich mein nächstes Ziel. Unübersehbar steht sie da, hoch oben über dem Gemeindegebiet Oy-Mittelberg: die Pfarrkirche St. Michael von Mittelberg. Und hier oben auf über 1 000 Metern erlebe ich den Höhepunkt der kleinen Rundreise um den Grüntensee. Ein kilometerweiter Ausblick auf Ober- und Ostallgäu mit einem einzigartigen Bergpanorama eröffnet sich mir und bietet einer der höchstgelegenen Pfarrkirchen im Allgäu eine unglaubliche Bühne. Ich wandere den kurzen Weg zum etwas oberhalb gelegenen Feldkreuz hinauf, um dann von einer Aussichtsbank aus den Anblick der Pfarrkirche St. Michael vor diesem atemberaubenden Hintergrund auf mich wirken zu lassen. Eine Bilderbuchidylle und ein Platz, an dem man die Zeit vergisst. Die Kirchturmglocken läuten und ihr schöner Klang holt mich aus meinen Gedanken. Ich mache mich auf den Weg, um die Kirche zu erkunden. Die Ursprünge der Pfarrkirche reichen bis ins achte Jahrhundert zurück, damals gehörte sie noch zur Burg, die hier einst ihren Platz hatte. Beim Neubau der Kirche sollen dann Steine der Burg verwendet worden sein. Heute zeigt sich die

Grüntensee

Kirche in barocker Gestalt. Ein besonderer Schatz ist die sagenumwobene Michaelsglocke mit zwei gotischen Glockenbildern.
Langsam spaziere ich zurück zum Parkplatz und bin in wenigen Minuten von Mittelberg über Faistenoy wieder an meinem Ausgangsort bei Wertach. Es gäbe noch so manches außergewöhnlich schöne Gotteshaus in nächster Umgebung, das es wert wäre genauer betrachtet zu werden. Die große Pfarrkirche im neubarocken Stil in Nesselwang beispielsweise oder die Pfarrkirche St. Nikolaus in Pfronten mit dem imposanten, weithin sichtbaren Kirchturm. Und natürlich die vielen versteckten, oftmals äußerlich sehr schlicht wirkenden, kleinen Kirchlein und Kapellen, die ihre Entdecker nicht selten verblüffen und begeistern.

Wertach

Vitalhotel
Die Mittelburg
Superior
Wellness- und Ferienparadies
Cafe - Restaurant
Brotzeitstuben
Panoramaterrasse
Alpen - SPA
Zugspitzblick
Kaminbar
König-Ludwig-Wintergarten
Burgstadl

„Warum habe ich dieses kleine Paradies nicht schon früher entdeckt?“

aus dem Gästebuch

Allgäu-Vitalhotel Die Mittelburg

Ein Meer von Rosen rankt sich in tief dunklem Rot entlang der Steinmauer und versprüht einen schweren, wohligen Duft. Dahinter: friedlich weidende Kühe im kniehohen Gras und auf dem Feldweg davor ein kleines Kätzchen, das sich genüsslich in der Sonne räkelt. Es ist einer dieser unvergleichbaren, hochsommerlichen Nachmittage auf der Sonnenterrasse des Allgäu-Vitalhotels.

Die Mittelburg in Mittelberg. Gäste von weit her sowie Einheimische kommen hierher, um an diesem ganz besonderen Ort den legendären „Allgäuer Käse-Kirschkuchen“ und das einzigartige Panorama zu genießen. Am Horizont erheben sich mit Zugspitze und Säuling mächtige Gebirge und davor zeigt sich die ganze Pracht und Schönheit des Oberallgäus. Sanft schmiegen sich grüne Hügel und Wälder aneinander und lassen hin und wieder Raum für ein paar verstreute Bauernhöfe oder kleine Dörfer. Die Ruhe ist einmalig. Einziges Geräusch: das Plätschern des verspielten Brunnens inmitten der Sonnenterrasse und ab und an das Zwitschern der kleinen Spatzen, die hier ihr persönliches Paradies entdeckt haben. Auch der parkähnlich angelegte Garten mit den nostalgisch anmutenden weißen Laternen, in den die Sonnenterrasse übergeht, hat einen ganz besonderen Charme.

Ingrid Mayr im Dirndl mit ihren strahlenden Augen und Karl Mayr in Lederhose und Allgäu-Janker und seinem einladenden Lächeln sind unglaublich herzliche Gastgeber. Beide und auch das gesamte junge Team um sie herum geben einem das Gefühl schon immer zur Mittelburg-Familie dazuzugehören, und so ist es kaum verwunderlich, dass Stammgäste hier teils schon seit Jahrzehnten regelmäßig Erholung finden und Kraft tanken. Wanderungen durch herrlichste Oberallgäuer Natur zusammen mit der Gastgeberin, entspannende Stunden im „Alpen-Spa Zugspitzblick“ mit Saunagarten, Gletschereisgrotte und Panoramaschwimmbad oder kulinarische Schlemmereien im „König Ludwig“-Wintergarten und auf der herrlichen Sonnenterrasse machen Urlaub in der Mittelburg so einzigartig. Und ob Obazda, Schweinsbraten und Spanferkel beim Bayerischen Abend im Burgstadl oder Milchkalbsbraten mit Steinpilzen und Allgäuer Semmeltorte beim 5-Gänge-Menü mit Alphornklängen, die Küche der Mittelburg ist immer ein absoluter Hochgenuss! „Warum habe ich dieses kleine Paradies nicht schon früher entdeckt?“, lese ich im Gästebuch und kann die Frage nachfühlen.

Krustenbraten mit Dunkelbiersoße und lauwarmem Kartoffel-Feldsalat

Das Rezept zur Spezialität des Hauses finden Sie auf Seite 66

Allgäu-Vitalhotel Die Mittelburg
Mittelburgweg 1–3
87466 Oy-Mittelberg
☎ 0 83 66 / 18-0
www.mittelburg.de

Knoll's Baurestube

„Mir machen des, was die Leit gern möchten, und des mach mer frisch!"

Gertrud Knoll, Gastgeberin

Birnen-Schokoladen-Torte

Das Rezept zur Spezialität des Hauses finden Sie auf Seite 68

„Ich back' einfach unheimlich gern", lacht Gertrud Knoll und erzählt von ihrer Kindheit auf dem Bauernhof und von der Oma, die immer das Brot selber gebacken hat. Diese Kindheitserinnerungen haben die engagierte Frau mit den strahlenden Augen nachhaltig geprägt. Gertrud Knoll ist eine Macherin und hat einfach tolle Ideen. So wie vor 20 Jahren, als sie von heute auf morgen Bäuerin geworden ist und zur Erhaltung der Landwirtschaft, zusammen mit ihrem Mann, das Bauernhof-Café eröffnete. Es folgte die Organisation von landwirtschaftlichen Lehrfahrten, mit denen sich Gertrud Knoll schnell einen Namen gemacht hat und bei denen sie inzwischen Fachkollegen aus der ganzen Welt willkommen heißt. Um auch für Gäste und Familien ein ansprechendes Programm bieten zu können, kamen schließlich die Führungen durch die Wertacher Sennerei mit anschließender Käseprobe in Knoll's Baurestube dazu. Die urgemütliche Bauernstube, die Familie Knoll mit viel Liebe eingerichtet hat, steht neben den Besuchergruppen auch Gästen und Einheimischen von mittwochs bis sonntags jeweils an den Nachmittagen offen. Das Bauernhof-Café ist der ideale Ort, um eine herrliche Brotzeit einzulegen, einen besonderen Anlass zu feiern oder einfach die Vielzahl der himmlischen Torten und Kuchen zu genießen. Letztere sind stets mit größter Leidenschaft hausgemacht und tragen so genussvolle Namen wie „Bananen-Schmand-Torte", „Birnen-Schokoladen-Torte" oder „Pfirsich-Sauerrahm-Torte". Über 50 verschiedene Rezepte hat Gertrud Knoll in ihrem Repertoire. Egal ob in der heimeligen Stube oder unter der großen alten Kastanie im lauschigen Bauerngarten, was auch immer hier im Bauernhof-Café auf den Teller kommt, ist mit Liebe und Leidenschaft zubereitet. Mal steht ein Rinderbraten auf der Tageskarte, mal sind es Weißlacker-Kiachla, Krautkrapfen oder Schupfnudeln. Auch für die herzhafte Allgäuer Brotzeit und vor allem für die Apfelkiachla im Bierteig ist Knoll's Baurestube bekannt. Wer etwas Ausgefallenes erleben möchte, kann sich bei einem „Allgäuer Morgaessa", einem typischen Allgäuer Frühstück, verwöhnen lassen. Auch für Sonderwünsche hat Gertrud Knoll immer ein offenes Ohr: „Mir machen des, was die Leit gern möchten, und des mach mer frisch", sagt die leidenschaftliche Gastgeberin. Selbst Extrawünsche, was die Zubereitung der Speisen betrifft, sind selbstverständlich, und so kann man hier bei Bedarf auch gluten- oder laktosefreie Kuchen und Torten genießen. Kurz, das Bauernhof-Café im Herzen von Wertach ist ein Gesamtkunstwerk und unbedingt einen Besuch wert.

Knoll's Baurestube
Marktstraße 10
87497 Wertach
☎ 0 83 65 / 13 33
www.baurestube.de

„Unsere Gäste sollen sich fühlen wie daheim."

Sonja Böck, Gastgeberin

Ferienhof Böck

Der Ferienhof Böck liegt da wie gemalt. Umrahmt von hohen Laubbäumen und sattem Grün, direkt neben der bezaubernden, kleinen Dorfkirche heißt der Bauernhof am Dorfrand von Faistenoy seine Gäste willkommen. Vom Urgroßvater Sebastian Böck erbaut, erstrahlt das über 100 Jahre alte Gebäude heute in neuem Glanz. Weiß getünchte Fassade, grün bemalte Fensterläden und ein Meer von Blumen. Das Haus beherbergt zwei neu ausgebaute Ferienwohnungen mit Blick auf den idyllisch gelegenen Grüntensee vor dem bergigen Hintergrund von Buron und Alpspitze. Als Uroma Crescentia in den 1960er Jahren die ersten Feriengäste begrüßte, war, wenn von fließendem Wasser die Rede war, noch der Brunnen vor dem Hof gemeint. Heute erfüllen die 4-Sterne-Ferienwohnungen mit dem herrlichen Panoramablick jeglichen Komfort. Die Gastgeber Sonja und Martin Böck und ihre Kinder Julia und Simon empfangen ihre Gäste mit Hausgemachtem wie ihrem Löwenzahn-Nuss-Kuchen oder geminztem Erdbeerlimes und versorgen sie mit Frühstücksbrötchen, eigener Marmelade, frischer Kuhmilch und Kräutern aus dem liebevoll angelegten Bauerngarten. Auf Wunsch zaubert Sonja Böck ihren Gästen auch ein Allgäuer Frühstück oder eine Brotzeit im malerischen Kräutergarten. Hier, mitten in der Natur zwischen Lavendel, Thymian, Basilikum, Pfefferminze, Johanniskraut und Kamille, lässt sich's leben. Wem der Sinn nach Abenteuer steht, der kann bei der Arbeit im Stall und auf dem Feld mithelfen, oder zu Fuß, auf dem Pferderücken, mit dem Mountainbike oder von der Kutsche aus die einmalig schöne Natur ringsum erkunden. Auf die kleinen Gäste warten Hasen, Ziegen, Kälbchen, Katzen, Pferde und natürlich auch der hauseigene Spielplatz mit Kletterbaum und Schaukel. Während die Kleinen sich zwischen Tieren und Spielgeräten tummeln, können sich die Großen auf der Liegewiese daneben entspannen. Und wer nach erholsamen Tagen auf dem Ferienhof Böck sein persönliches Stückchen Urlaub mit nach Hause nehmen möchte, hält sich am besten an die hofeigenen, kulinarischen Spezialitäten wie beispielsweise den Tannenwipfelhonig, das Löwenzahngelee oder die Holunderblütenmarmelade.

Tannenwipfelhonig

Das Rezept zur Spezialität des Hauses finden Sie auf Seite 67

Ferienhof Böck
Am Wiesenrain 5
87466 Oy-Mittelberg / Faistenoy
☎ 0 83 66 / 98 84 50 oder 4 39
www.ferienhof-boeck.de

Blick auf Ruine Hohenfreyberg und Eisenberg

„Meine Kraftquelle ist meine tägliche Falkensteinrunde, da lass' ich mich von der Natur inspirieren und arbeite meine Gedanken aus."

Barbara Schlachter-Ebert, Gastgeberin

Schlossanger Alp Berghotel

Eingebettet in Wälder, Weiden und wildromantische Felsen des Falkensteins liegt auf einem kleinen Plateau unter tiefblauem Allgäuer Hochsommerhimmel die romantische Schlossanger Alp. Ein Juwel mitten in den Bergen. Fast möchte man meinen, dieses Fleckchen Erde wäre extra entstanden, um der Schlossanger Alp einen würdigen Rahmen zu geben. Alles wirkt intensiver hier oben, es scheint, als dufteten die herrlichen Almblumen noch aromatischer, als wäre der Himmel noch blauer und die farbenfrohen Schmetterlinge noch prächtiger als anderswo. Eine spürbare Energie umgibt die Schlossanger Alp, und es herrscht eine fast unwirkliche Ruhe hier oben. Eine Ruhe, die erdet, Kraft gibt und Raum lässt für die Schönheit der Natur ringsum. „Meine Kraftquelle ist meine tägliche Falkensteinrunde, da lass' ich mich von der Natur inspirieren und arbeite meine Gedanken aus", sagt Barbara Schlachter-Ebert, die für unser Gespräch direkt aus der Küche gekommen ist, wo sie an fast jedem Tag im Jahr einzigartige kulinarische Hochgenüsse zaubert. Barbara Schlachter-Eberts Tag fängt früh an, sehr früh, und hört spät auf. „Hier oben ist das möglich", lächelt sie und strahlt eine unglaubliche Vitalität und Tatkraft aus, „hier herrscht ein hohes Potenzial, bei dem man viel leisten kann." Und wer jemals in den Genuss gekommen ist, die Schlossanger Alp-Küche zu erleben, der weiß, dass dahinter genau das steckt: ein riesiges Potenzial, außergewöhnliches Können und größte Leistungsbereitschaft. Aber vor allem auch eines: die Liebe zum Kochen. „Ich mach's einfach gern", sagt Barbara Schlachter-Ebert. So einfach ist das Geheimnis der erstklassigen Küche in der Schlossanger Alp. Ob „Pfifferlinge in Portweingelee", „Maultaschen von der Renke", „Gebratenes Züngerl" oder „Ziegernudeln", Barbara Schlachter-Ebert kocht leichte Küche mit Allgäuer Anklang. Sie lässt die Produkte leben und bringt den Geschmack gekonnt auf den Punkt. Und mit großer Freude und Leidenschaft kramt sie dann und wann uralte Gerichte hervor, um sie wieder neu zu erfinden. Kurz gesagt, wer das kulinarische Allgäu erlebt haben will, muss in der Schlossanger Alp gegessen haben.

Renkenfilet im Meerrettichfond mit Mehlnocken

Das Rezept zur Spezialität des Hauses finden Sie auf Seite 66

Schlossanger Alp Berghotel
Am Schlossanger 1
87459 Pfronten
☎ 0 83 63 / 91 45 50
www.schlossanger.de

Schankwirtschaft Wohlfart

„Die alte Zeit hat viel Gutes gehabt und das versuchen wir zu bewahren und hier in der Schankwirtschaft weiterzugeben."

Joachim Wohlfart, Gastgeber

Filet von Hirsch und Reh

Das Rezept zur Spezialität des Hauses finden Sie auf Seite 67

„Sich besser fühlen als vorher", sagt Joachim Wohlfart und lacht. Das ist es, was sich der kernige Allgäuer Gastgeber, den man gelegentlich auch barfuß antrifft, für seine Gäste wünscht. Und dafür sorgt er in der Schankwirtschaft Wohlfart höchstpersönlich. Denn Joachim Wohlfart hat immer ein offenes Ohr für seine Gäste und nimmt sich Zeit für sie. „Zu uns kommt man nicht nur, um zu essen und zu trinken, sondern auch, um das abzuladen, was einem auf der Seele brennt", sagt Joachim Wohlfart, „allgäuerisch: hoim komma und ablada." Und das ist es auch, was die Schankwirtschaft am Ortsrand des urigen Pfronten ursprünglich werden sollte: ein „Daheim" für die Wohlfarts. Architektin Claudia Wohlfart, die Frau des Gastgebers, hat das romantische Gebäude als Einfirsthof mit Ständerbohlenkonstruktion nach alten Pfrontner Vorbildern geplant. Doch die alten Höfe waren groß, zu groß für heutige Familien. Schnell war die Idee der Schankwirtschaft im neuen Zuhause geboren, und so wurde die „alte Stube", der Raum, in dem früher die Familie zusammenkam, zum Schankraum: Der dunkle Kachelofen, das Kruzifix im Herrgottswinkel, die rußige Rauchküche, die Möbel großteils aus alten Pfrontner Bauernhäusern, und vor allem das jahrhundertealte Holz, in dem es immer irgendwo knackt oder ächzt, lassen den Gast schnell vergessen, welches Jahr geschrieben wird. Und wenn Joachim Wohlfart einem dann noch dampfende Krautschupfnudeln, gegrilltes Spanferkel, Blut- und Leberwurst, einen Gamsbraten oder Kaiserschmarren mit hausgemachtem Zwetschgenröster auf den Holztisch stellt, dann fällt es nicht mehr schwer, den „lieba Gott an guata Ma", hochdeutsch „alle Fünfe grade", sein zu lassen und einfach nur den Moment zu genießen. Wer sich dann auch noch das hauseigene „Hofbier" vom original Eichholzfass zapfen lässt und einen Holunder- oder Bierlikör probiert, verweilt meist noch etwas länger. Solch nostalgische Abende in der Bauernstube sind genauso genussvoll wie heiße Sommertage im rosenumrankten Biergarten der „Schankwirtschaft" mit selbst gebackenem Apfelstrudel

oder Allgäuer Brotzeit. Zu Letzterer gehört neben Hirschschinken, Presssack, Gamswurz und Bergkäs' selbstverständlich auch ein Allgäuer Bauernbrot vom Pfrontner Bäcker. „Die alte Zeit hat viel Gutes gehabt", hängt Joachim Wohlfart seinen Gedanken nach, „und das versuchen wir zu bewahren und hier in der Schankwirtschaft weiterzugeben."

Schankwirtschaft Wohlfart
Kienbergstraße 61
87459 Pfronten
☎ 0 83 63 / 92 87 95
www.schankwirtschaft-wohlfart.de

SCHANKWIRTSCHAFT
M.J. u. C. WOHLFART
61

„Wir versuchen die Natur nicht nur zu schauen, wir versuchen sie zu sehen."

Roswitha Ganseneder, Kräuterexpertin

Aus einem der Steine ergießt sich leise plätschernd Wasser in den Teich vor mir. Bienen summen und die Luft ist schwer vom Duft der Rosen- und Lavendelblüten. Von meinem Platz im Verborgenen, zwischen Schilf und Büschen, lasse ich den Blick wandern, von den schneeweißen Seerosen im Teich über umrankte Lauben, mystische Steine und elfenhafte Gesellen, die einen wohlwollend beobachten, bis hin zu den spiralförmig angelegten Kräuterbeeten mit Pflanzen in allen Farben und Formen. Der Garten ist märchenhaft und verzaubert seine Besucher vom ersten Moment an. Eindrucksvoll ist dabei der auffällige Gegensatz zwischen dem zarten, verspielten Garten und dem schweren, mächtigen Breitenberg, der direkt vor dem Betrachter in den Himmel hinaufragt. Ich bin in Pfronten im Garten der Kräuterwerkstatt – einen Ort für die Seele.

Zur Kräuterwerkstatt gehören neben dem bezaubernden Laden, einem Schlaraffenland verspielter Dekorationen, Schmuckstücke für Haus und Garten, Räucherwaren, Kerzen, Gewürzen und Essenzen, auch ein architektonisches Kunstwerk: der Teeturm. Im Innern des fast gänzlich verglasten Baus herrschen ein besonderes Raumgefühl und eine besondere Ruhe. Genau der richtige Ort, um einen der über 100 verschiedenen Tees, die Elexiere nach Hildegard von Bingen, die biologischen Brotaufstriche oder die hausgemachten Naschereien zu genießen. So langsam beginne ich zu verstehen: Die Kräuterwerkstatt ist nicht nur ein Ort für die Seele, sondern auch für den Leib!

In den Kuchen findet sich, was gerade im Kräutergarten wächst: Lavendel, Zitronenverbene, Melisse oder auch mal Zitronenthymian. Geschmackserlebnisse der besonderen Art, Momente der Ruhe und ein eindrucksvolles Sammelsurium an Geschenken und Dekorationsideen, das ist es, was die Besucher in der Kräuterwerkstatt erwartet. Roswitha und Christian Ganseneder, die hinter dem Ganzen stehen, lieben und leben die Nähe zur Natur: „Wir versuchen die Natur nicht nur zu schauen, wir versuchen sie zu sehen", sagt Roswitha Ganseneder und erzählt eindrucksvoll von der Ausbildung ihres Mannes zum Wildnispädagogen, von Räucherkursen in der Kräuterwerkstatt, von Baumtagen und Wildkräuterspaziergängen. Man möchte den Alltag gerne Alltag sein lassen und einfach direkt mit den Ganseneders zu einem dieser Spaziergänge mitgehen, um ein kleines Stückchen zurückzufinden zur Ursprünglichkeit der Natur.

Lavendelkuchen

Das Rezept zur Spezialität des Hauses finden Sie auf Seite 68

Kräuterwerkstatt
Badstraße 11
87459 Pfronten
☎ 0 83 63 / 9 28 92 09
www.kraeuterwerkstatt.com

Krustenbraten mit Dunkelbiersoße und lauwarmem Kartoffel-Feldsalat

Allgäu-Vitalhotel Die Mittelburg, S. 53

Zutaten für 4 Personen

Braten *1,5 kg Schweineschulter (mit Schwarte, ohne Knochen) | 2 EL Senf (mittelscharf) | 1 TL Kümmel | 1 große Knoblauchzehe | 3 EL Öl | Salz und Pfeffer, frisch gemahlen*

Biersoße: *200 g Knollensellerie | 2 Möhren | 2 große Zwiebeln | 350 ml Geflügelbrühe | 50 ml Löwenzahnsirup | 200 ml dunkles Bier*

Kartoffel-Feldsalat *1 kg Kartoffeln (festkochend) | ½ TL Kümmel | 1 große Zwiebel | 5 EL Öl | 125 ml klare Rinderbrühe | 4 EL Essig | 1 EL Senf (mittelscharf) | 60 g Feldsalat | Salz und schwarzer Pfeffer, frisch gemahlen*

Zubereitung

Die Schwarte der Schweineschulter einschneiden, salzen und pfeffern.
Die Unterseite des Fleischs mit Senf, Kümmel und dem gehackten Knoblauch einreiben und den Ofen auf 140 °C vorheizen. Die Schweineschulter auf der Fleischseite in Öl anbraten. Das geschälte und grob gewürfelte Gemüse dazugeben und ebenfalls anbraten. Fleisch und Gemüse mit Geflügelbrühe übergießen und mit der Schwarte nach oben im Ofen 2 Stunden bei geschlossenem Deckel schmoren lassen. 20 Minuten vor Ende der Garzeit den Deckel abnehmen, Löwenzahnsirup in die Soße geben, die Kruste mit Salzwasser bestreichen und den Ofen auf 200 °C Oberhitze stellen. Bei Bedarf etwas Gemüsebrühe nachgießen. Zum Schluss die Soße passieren und mit dunklem Bier abschmecken.
Für den Kartoffel-Feldsalat die Kartoffeln 20 Minuten im Salzwasser mit etwas Kümmel garen. Die Zwiebeln würfeln, in Öl glasig dünsten, Brühe darübergießen und vom Herd nehmen. Essig und Senf dazugeben und über die noch warmen in Scheiben geschnittenen Kartoffeln geben. Kräftig salzen und pfeffern und schließlich vorsichtig den Feldsalat unterheben.

Renkenfilet im Meerrettichfond mit Mehlnocken

Schlossanger Alp Berghotel, S. 61

Zutaten für 4 Personen

Fisch *4 Renkenfilets à 100 g | ¼ l Gemüsefond*

Meerrettichfond *¼ l Gemüsefond (von oben weiterverwenden) | 1–2 EL Meerrettich, frisch gerieben | 50 g kalte Butter | Saft von einer Zitrone | Salz und Pfeffer*

Wurzelgemüse *200 g Karotten | 100 g Sellerie | 100 g Lauch | 50 g Butter | 10 g glatte Petersilie | Salz und Pfeffer*

Mehlnocken *100 g Mehl | Pernod | Muskat, Salz und Pfeffer*

Zubereitung

Die Renkenfilets halbieren und erst kurz vor dem Anrichten in den heißen Gemüsefond geben. Im vorgeheizten Ofen 3 Minuten bei 130 °C garen.
Die Renkenfilets herausnehmen und sofort warm stellen. Den Fond zur Weiterverarbeitung auffangen, mit frisch geriebenem Meerrettich erneut aufkochen, leicht salzen und mit Zitronensaft abschmecken. Mit der kalten Butter montieren und durch ein Sieb passieren.
Das Gemüse schälen und in streichholzgroße Streifen schneiden. Im Salzwasser bissfest blanchieren und mit Eiswasser abschrecken. Vor dem Anrichten mit Butter erhitzen, mit Salz und Pfeffer würzen und mit der fein geschnittenen Petersilie bestreuen.
Für die Mehlnocken das Mehl mit 50 Milliliter Wasser und einem Esslöffel Pernod vermischen und zu einem Teig verarbeiten. Eine Kugel formen, mit Öl bestreichen und 10 Minuten ruhen lassen. Mit den Fingern kleine Stückchen abzupfen und zwischen den Händen länglich wälzen. Die Nocken in Salzwasser mit etwas Pernod circa 6 bis 7 Minuten köcheln und anschließend in den Meerrettichfond legen.

Filet von Hirsch und Reh

Schankwirtschaft Wohlfart, S. 62

Zutaten für 4 Personen

Fleisch *Hirschfilet (400g)* | *2 ganze Rehfilets (400g)* | *Knochen und Fleischreste vom Wild* | *10–15 schwarze Pfefferkörner, frisch gemahlen* | *8 Wacholderbeeren* | *4 Piment* | *5–6 Rosmarinzweige*
Soße: *1 Tannenzweig* | *500–800 g Röstgemüse (Zwiebel, Karotte, Petersilienwurzel, Sellerie, Lauch)* | *4 EL Tomatenmark* | *eine Prise Zucker* | *2 Lorbeerblätter* | *2 EL Wildpreiselbeeren* | *500 ml kräftigen Rotwein* | *1 l Brühe (am besten Wildbrühe)* | *eventuell Lebkuchen oder Pfeffernüsse* | *Olivenöl und Butter*

Zubereitung

Die von allen Silberhäutchen und Sehnen befreiten Filets mit der Hälfte der frisch gemahlenen Pfefferkörner, der Wacholderbeeren, des Piments sowie der Rosmarinzweige bestreuen. Etwas Olivenöl darübergeben, mit Klarsichtfolie abdecken und mindestens 2 Stunden kühl stellen. Währenddessen die Soße ansetzen: Dafür die Knochen und Fleischreste mit dem Olivenöl sanft anrösten. Den restlichen Pfeffer, Wacholder, Piment, Rosmarin sowie einen kleinen Tannenzweig ebenfalls mit anrösten, bis sie eine schöne dunkelbraune Farbe haben. Dann das gewürfelte Röstgemüse, Tomatenmark, eine Prise Zucker, zwei Lorbeerblätter und Preiselbeeren dazugeben und mit dem Rotwein dreimal ablöschen. Immer wieder reduzieren und mit kalter Brühe auffüllen. Bei kleiner bis höchstens mittlerer Temperatur 3 bis 4 Stunden köcheln.
Auf die Hälfte einkochen und für die Bindung nach Geschmack Lebkuchen oder Pfeffernüsse zugeben. Anschließend passieren und mit Salz und Pfeffer abschmecken.
Die marinierten Hirschkalbfilets mit einem Tuch abreiben und in der Pfanne bei großer Hitze rundherum kurz anbraten, damit alle Poren geschlossen werden. Leicht salzen und dann bei circa 80 bis 90 °C etwa 20 Minuten im Ofen weitergaren. Die Rehfilets nur kurz auf allen Seiten anbraten und anschließend an einer warmen Stelle circa 10 Minuten ziehen lassen. Bei einer Druckprobe darf das Fleisch nur noch schwach nachgeben, dann ist es im Kern noch rosa. Vor dem Aufschneiden etwas ruhen lassen.

Tannenwipfelhonig

Ferienhof Böck, S. 57

Zutaten für 4 Personen

1 kg Tannenwipfel | *1 kg Gelierzucker* | *Saft einer Zitrone*

Zubereitung

1 Kilogramm Tannenwipfel sammeln, dabei darauf achten, dass nur die ganz jungen, hellgrünen Triebe gepflückt werden. Die Wipfel gut waschen und in einen Topf legen. Mit circa 1 Liter Wasser auffüllen, sodass sie gut bedeckt sind. 2 Stunden auf niedriger Stufe vorsichtig köcheln und anschließend durch ein Tuch abseihen.
Den Tannenwipfelsud mit derselben Menge Gelierzucker wie Tannenwipfel sowie dem Zitronensaft köcheln, bis ein dickflüssiges, honigartiges Gelee entsteht. Dieses in saubere Gläser abfüllen und abkühlen lassen. Tannenwipfelhonig schmeckt nicht nur lecker, er lindert auch Husten oder Halsschmerzen und hat eine schlaffördernde Wirkung.

Birnen-Schokoladen-Torte

Knoll's Baurestube, S. 54

Zutaten

Schokoladen-Biskuit *7 Eier* | *140 g Zucker* | *100 g Mehl* | *100 g Speisestärke* | *2 TL Kakao* | *1 TL Backpulver*

Füllung *1 l Sahne* | *1 Dose Birnen* | *80 g fein geriebene Schokolade oder 3 TL Schokoladenpulver* | *100 g Krokant* | *etwas Schokoladen-Nusslikör*

Zubereitung

Für den Biskuitboden Eier und Zucker schaumig rühren. Mehl, Speisestärke, Kakao und Backpulver sieben und vorsichtig unter die Schaummasse heben. Den Teig in einer gefetteten runden Kuchenform bei 175 °C circa 40 bis 45 Minuten backen und anschließend auf einem Gitter auskühlen lassen. Danach den Biskuit zweimal durchschneiden. Den untersten Boden auf eine Tortenplatte legen und leicht mit dem Likör tränken. Die Sahne steif schlagen und etwa ein Viertel davon mit der geriebenen Schokolade oder dem Schokoladenpulver mischen und auf dem untersten Boden verteilen. Den mittleren Boden darauflegen, leicht andrücken und ebenfalls mit Likör tränken. Die Birnen in Spalten schneiden und auf dem zweiten Biskuitboden verteilen. 14 bis 16 Birnenspalten zum Verzieren beiseitestellen. Mit einem weiteren viertel Liter der geschlagenen Sahne bedecken und den dritten Teil des Schokoladenbiskuit darauflegen. Erneut leicht andrücken und mit Likör tränken. Mit der übrigen Sahne die ganze Torte ringsum bestreichen und schließlich mit den Birnenspalten, dem Krokant oder auch etwas geriebener Schokolade verzieren.

Lavendelkuchen

Kräuterwerkstatt, S. 65

Zutaten

200 g Butter | *200 g Zucker* | *2 Eier* | *1 EL Lavendelblüten* | *300 g Dinkelmehl (Typ 630)* | *1 TL Backpulver* | *1 Prise Salz* | *200 ml Milch* | *Puderzucker zum Bestäuben*

Zubereitung

Butter und Zucker schaumig schlagen, dann die Eier dazugeben und weiterrühren.
Danach die Lavendelblüten, Dinkelmehl, Backpulver, Salz und Milch unterrühren. Den Teig gleichmäßig in kleine Backformen füllen und im Backofen 40 Minuten bei 175 °C backen. Anschließend abkühlen lassen, mit Puderzucker bestäuben und mit frischen Lavendelblüten garnieren.

Blick von Sonthofen auf Fischen

Gipfeltreffen bei Oberstdorf

Rund um Oberstdorf gipfelt im wahrsten Sinne des Wortes die Allgäuer Bergwelt.

Je näher man dem beliebten Urlaubsort kommt, desto mächtiger und eindrucksvoller ragen die Felsen in den Himmel. Aus der ganzen Welt kommen Besucher jedes Jahr hierher, um das Naturschauspiel der Allgäuer Alpen zu bewundern. Geballt drängen sich die Zwei- und Zweieinhalbtausender vor den Augen des Betrachters. Und ein Berg ist imposanter, spannender oder aufregender als der andere. Wo also anfangen ...

Bei meinem Besuch im Oytal erfahre ich Geschichten über die Höfats. Berüchtigt sei sie und zugleich berühmt, vor allem für ihre Edelweiß-Pracht. Die Höfats gilt als Königin der Grasberge und Wahrzeichen der Allgäuer Alpen. Sie trennt das Oytal vom Dietersbachtal und wirkt mit ihren vier etwa gleich hohen Gipfeln fast wie ein Dom, der weit in den Himmel hinaufragt. Ein Berg dieser Art würde reichen, um Wanderer und Bergsteiger anzulocken, aber rund um Oberstdorf gibt es eine ganze Menge solcher mächtiger Massive.

Die Trettachspitze beispielsweise, auch Allgäuer Matterhorn genannt. Sie bildet zusammen mit der Mädelegabel und der Hochfrottspitze ein beachtliches Dreigestirn und gehört schon wegen ihrer Form zu den berühmtesten Bergen der Allgäuer Alpen. Sie liegt an der Verlängerung des Himmelschrofengrats, der sich von Oberstdorf Richtung Süden zieht, und hat ihren Namen von der Trettach, die den sogenannten Wilden Gräben unter den Wänden des imposanten Berges entspringt.

Die Mädelegabel, der mittlere der drei Gipfel, ist vom hochalpinen Heilbronner Weg aus zu erreichen. An ihrer Südostseite befand sich noch bis vor wenigen Jahren der einzige Gletscher in den Allgäuer Alpen.

Der meistbesuchte Aussichtsberg ist ohne Frage das Nebelhorn. Man sagt ihm einen Panoramablick auf sage und schreibe 400 Gipfel nach. Der Hausberg der Oberstdorfer zieht Naturbegeisterte sommers wie winters in seinen Bann und ist über die Nebelhornbahn auch für weniger sportlich ambitionierte Gipfelstürmer gut zu erreichen.

Das ebenfalls sehr bekannte Fellhorn ist gänzlich mit Gras bewachsen und lockt im Frühsommer mit seinen leuchtenden Alpenrosenfeldern. Der Blumenberg der Allgäuer Alpen liegt an der deutsch-österreichischen Grenze und trennt das

Stuibenfall

Stillachtal vom Kleinwalsertal. Verschiedene Blumenlehrpfade führen nicht nur zu den schönsten Fleckchen des Fellhorns, sondern warten auch mit spannenden Informationen über die Pflanzenvielfalt in den Allgäuer Alpen auf. Der Fellhornweg lehrt wissbegierige Wanderer so manch Erstaunliches über das Leben am Grat, in den Bergwäldern, Hochmooren und Alpwiesen. Von Schneehasen, Bergmolchen und Steinadlern ist da die Rede. Und wer die Augen offenhält, bekommt vielleicht sogar den einen oder anderen Bergbewohner selbst zu sehen.

Ein weiterer berühmter Berg inmitten des Hauptkamms ist der Biberkopf. Der südlichste Berg Deutschlands ragt hoch über dem malerischen Rappenalptal in den Himmel und steht bei sommerlichen Sonnenuntergängen ab und an leuchtend rot in Flammen.

Ich könnte immer so weitererzählen: vom Hohen Ifen und vom Wilden Männle, von Hammerspitze, Gaißalphorn, Schneck oder Himmelshorn... Nicht enden wollend ist die Reihe der atemberaubenden Berge in der Region rund um Oberstdorf.

Doch auch die Täler zu ihren Füßen sind einzigartig schön und bergen so manches Geheimnis. Im Trettachtal findet sich beispielsweise ein ganzes Dorf, das unter Denkmalschutz steht: das verträumte, jahrhundertealte Gerstruben. Urige Häuser und eine kleine Kirche von anno dazumal wir-

Oytal

ken fast, als wären sie dem Berg entsprungen und schliefen seit langer Zeit einen tiefen Dornröschenschlaf. Ihre holzvertäfelten Wetterseiten trotzen seit Jahrhunderten den rauen Witterungsverhältnissen in den Bergen und schimmern heute in hellem Silber-Grau. Die Gebäude des versunkenen Dörfchens sind einzigartige Zeugen des Berglebens vergangener Zeiten.

Das Stillachtal, das sich südlich von Oberstdorf erstreckt, beheimatet Deutschlands südlichste Siedlung. Das idyllische Einödsbach ist ein beliebtes Ausflugsziel und vor dem eindrucksvollen Hintergrund von Trettachspitze, Mädelegabel, Hochfrottspitze und Bockkarkopf eines der meistfotografierten Motive rund um Oberstdorf.

Das Oytal begeistert seine Besucher mit einem ganz besonderen Naturschauspiel. Oft sieht man schon von Weitem eine Gischtwolke aufsteigen und hört das Tosen des sich wild in die Tiefe stürzenden Wassers: Die Rede ist vom Stuibenfall, einem der berauschendsten Wasserfälle im Allgäu. Egal, ob in höchster Höhe auf gigantischen Gipfeln oder in den tiefsten Tiefen der wildromantischen Täler und Tobel, die Allgäuer Alpen sind aufregend, packend und mitreißend.

Nur „wenn's obheiter isch", würde ich in jedem Fall die Höhenlagen vorziehen, denn bei dieser besonderen Wetterlage herrscht Sonne in den Bergen und ein Wolkenmeer im Tal.

„Aus einfachen Produkten bester Qualität etwas Pfiffiges, Neues zu zaubern und damit einen „Wow-Efekt“ zu erreichen, das ist das große Ziel.“

Königliches Jagdhaus

Peter A. Strauss, Gastgeber

Wer auf seiner Reise durch das kulinarische Oberallgäu nach einer Gourmetküche auf allerhöchstem Niveau in einem außergewöhnlichen Rahmen sucht, wird zwangsläufig auf das Königliche Jagdhaus in Oberstdorf stoßen und es – sicherlich – lieben. Das historische Haus in den Allgäuer Alpen, einst Ausgangspunkt für die Hochwildjagd der Wittelsbacher, hat noch heute den Charme des Jagdhauses von anno dazumal. Die original erhaltenen hellen Holzstuben mit Geweihen und gerahmten Zeitzeugen des Jagdlebens in Schwarz-Weiß lassen einen schnell das Jetzt und Hier vergessen.

Seit vielen Jahren genießt das Königliche Jagdhaus einen hervorragenden kulinarischen Ruf. Mit Peter A. Strauss hat das Haus seit 2006 einen bekannten und hoch ausgezeichneten Spitzenkoch zum Chef de Cuisine und Inhaber bekommen. Es sind also die besten Voraussetzungen gegeben, um einer der strahlendsten Sterne am Oberallgäuer Gourmethimmel zu werden. Über 25 Jahre Erfahrung in der Sternegastronomie und ein unzähmbarer Drang nach Perfektion und Absolutheit des Geschmacks machen ihn zu einem, der Großes schaffen kann. In seinem Ess-Atelier verwöhnt er Gourmets mit einem kulinarischen Feuerwerk: unter den elf Gängen finden sich beispielsweise Kombinationen von Flugente, Gänseleber und Rhabarber oder Taube, Pfifferling und Spargel. Peter A. Strauss setzt neue Maßstäbe. Was auch immer dieser Koch macht, er macht es aus Leidenschaft und auf höchstem Niveau. Und so kommen auch die Gäste im malerischen Biergarten bei eher bodenständigen Gerichten in den Genuss der Strauss'schen Kochkunst. Besonderer Höhepunkt im Jagdhaus-Jahr sind die Historischen Wochen mit dem legendären Wittelsbacher Menü, für dessen Menükarten sogar Prinz Luitpold von Bayern

Rehrücken im Brick-Crêpe mit Pilzen und Piemonteser Teigtaschen

Das Rezept zur Spezialität des Hauses finden Sie auf Seite 84

höchstpersönlich mit seiner Signatur geradesteht. Dabei schöpft Peter A. Strauss neue Kreationen nach alten Familienrezepten aus dem Hause Wittelsbacher. Ein Duett von Hirsch und Reh aus der eigenen königlichen Jagd am Prinzregentenbogen oder eine Wittelsbacher Terrine von Wildhase und Kaninchen begeistern neben zahlreichen anderen Köstlichkeiten Feinschmecker sowohl aus der Umgebung als auch von weit her.

Königliches Jagdhaus
Ludwigstraße 13
87561 Oberstdorf
☎ 0 83 22 / 98 73 80
www.koenigliches-jagdhaus.de

Holzofenbäckerei Schroth

„Das Holzofenbrot schmeckt wie früher, wie selbst gebacken."

ein Kunde

Mit der ersten Holzofenbäckerei im Oberallgäu, die Seniorchef Walter Schroth vor über 30 Jahren gründete, hat die Familie Schroth unglaubliche Erfolgsgeschichte geschrieben. Schnell eroberte das original Holzofenbrot der Bäckerei aus Oberstdorf nicht nur das gesamte Allgäu, sondern auch den ganzen Südbayerischen und Oberschwäbischen Raum. Heute ist Schroths Holzofenbrot ein fester Begriff von München bis zum Bodensee. Neben der Stammbäckerei in Oberstdorf, in der alles seinen Anfang genommen hat, ist die Erfolgsbäckerei inzwischen auch auf weit über 20 Wochenmärkten eine feste Institution. Neben dem Gründer stecken heute die Söhne Christian und Jörg Schroth ihre ganze Tatkraft und Energie in den Familienbetrieb. Und wenn kurz vor Mitternacht der große Holzofen auf seinen ersten Backgang des Tages vorbereitet wird, geht es im wahrsten Sinne des Wortes heiß her in der Oberstdorfer Backstube. Rund 150 Kilogramm naturbelassenes Fichten-, Tannen- oder Kiefernholz sorgen täglich für bis zu 460 °C im Innersten des Holzofens. Und eben diese hohe Hitze lässt die für das Holzofenbrot so typische feste, dunkle Kruste entstehen. Durch die Röstaromen bekommt das Holzofenbrot dabei seinen unverkennbaren Geschmack, und dank der Kruste bleibt es im Innern länger saftig und frisch. Neben dem legendären Holzofenbrot entstehen selbstverständlich auch noch weitere Brotspezialitäten in der Holzofenbäckerei: eine deftige Bierseele beispielsweise mit Radieschensprossen, außerdem Tomaten-, Mandel- oder Gewürzbrot und natürlich das Bärlauchbrot. Denn mit einer hauseigenen Bärlauchspezialitätenproduktion ist die Holzofenbäckerei nebenbei erste Adresse in Sachen Bärlauch. Aufgrund der direkten Lage am Ortseingang fühlen sich Durchreisende und Ankömmlinge persönlich von der Holzofenbäckerei Schroth willkommen geheißen. Die verglaste Fassade gewährt einen direkten Blick in die zünftige Brotzeitstube mit rustikaler Stadeloptik. Verständlich, dass kaum einer dem Besuch des Familienbetriebs widerstehen kann – schon gar nicht mit leerem Magen.

Holzofenbäckerei Schroth GmbH
Sonthofener Straße 8
87561 Oberstdorf
☎ 0 83 22 / 37 25
www.holzofenbaeckerei-schroth.de

OH. DERNBACH
HEIDELBERG
JOH. DERNBACH
HEIDELBERG

hl
IT'S MILLER TIME!

„Bier zum Essen und zum Essen ein Bier!“

das Dampfbierbrauerei-Motto

Oberstdorfer Dampfbierbrauerei

Wer's zünftig und deftig mag und das in einzigartiger Atmosphäre, der fühlt sich in der Dampfbierbrauerei in Oberstdorf vom ersten Moment an wohl. Deutschlands südlichste Brauerei ist ein echtes Erlebnis. Inmitten des urigen Restaurants braut der Diplom-Braumeister das hauseigene Bier. Vom Hefeweizen über Helles bis hin zu Märzen und Bockbier, hier im Sudhaus entsteht zwei- bis viermal die Woche Bier nach traditioneller Braukunst. Dabei wird Hopfen aus dem allgäunahen Tettnang, Malz aus dem Unterallgäu sowie bestes Allgäuer Gebirgswasser verwendet. Das Bier gibt's ausschließlich in der Dampfbierbrauerei zu genießen und wird gerne auch im schönen Geschenkkarton mit nach Hause genommen. Unter dem Motto „Bier zum Essen und zum Essen ein Bier", findet das hauseigene Gebräu selbstverständlich auch in der Küche seine Verwendung. Hier entstehen kulinarische Besonderheiten wie beispielweise die Biersülze, das Bierbratl mit Dunkelbiersoße oder auch der Eisbecher mit Bierlikör. Daneben stehen im Restaurant der Dampfbierbrauerei wöchentlich wechselnde Schmankerl wie Spanferkel, Schlachtplatte oder ofenfrische Bauernente auf dem kulinarischen Programm. Christiane Venzky, seit über zehn Jahren leidenschaftliche Gastgeberin der Dampfbierbrauerei, und Küchenchef Manfred Diem setzen bei ihren Speisen auf Qualität, Regionalität und Bodenständigkeit. Die mit Liebe zum Detail eingerichteten Bereiche Jägerstube, Küchenstube, Gärkeller, Bähnle und Sudhaus tun ihr Übriges, um einen Besuch in der Dampfbierbrauerei zum ganz besonderen Erlebnis werden zu lassen. Beim nahezu allabendlichen Live-Musik-Programm von Volksmusik bis Musical ist Stimmung rund um die rustikalen Holztische garantiert. Für viele Gäste gehört ein solcher Abend zu den Höhepunkten ihres Oberallgäu-Urlaubs.

Bierbratl mit Dunkelbiersoße, Rahmwirsing und Kartoffelknödel

Das Rezept zur Spezialität des Hauses finden Sie auf Seite 84

Oberstdorfer Dampfbierbrauerei GmbH
Bahnhofplatz 8
87561 Oberstdorf
☎ 0 83 22 / 89 08
www.dampfbierbrauerei.de

Alpengasthof
Hotel Schwand

„*Ich stelle mir vor, einen ,hausg'machta Gaissakäs' auf der sonnigen Panoramaterrasse zu genießen und bin begeistert.*"

Tosca Maria Kühn, Autorin

Ziegenkäse im Speckmäntelchen mit Trüffelöl, Waldhonig und Pinienkernen

Das Rezept zur Spezialität des Hauses finden Sie auf Seite 85

Ein Meer von Blumen in leuchtendem Rot und Weiß ziert den paradiesisch gelegenen Alpengasthof Schwand. Es ist ein Bild wie gemalt: eingebettet in das Grasgrün der umliegenden Almwiesen und in das Laub- und Tannengrün der teils uralten Bäume im Hintergrund liegt der Alpengasthof Schwand inmitten des herrlichen Stillachtals, fernab jeglichen Trubels. Wer Ruhe sucht und naturnahe Erholung, hat mit dem Alpengasthof Schwand einen absoluten Treffer gelandet. Einzig das gelegentliche Meckern der Ziegen durchbricht hier und da die Stille. Die Ziegen sind das Wahrzeichen des Alpengasthofs und inzwischen das zweite Standbein der Gastgeber Claudia und Franz Tauscher-Kögel. Zwischen 50 und 100 Tiere hegt und pflegt Franz Kögel, und das neben seinem Tun als Küchenchef des Gasthofs. Und so dürfen sich die Gäste an einer Vielzahl von Köstlichkeiten aus der hauseigenen Ziegenmilch erfreuen: Ziegenkäse im Speckmäntelchen gebraten, mit Honig, Pinienkernen und einem Hauch Trüffelöl finde ich beispielsweise in der Speisekarte. Daneben Ziegen-Frischkäse-Mousse, Zickleinbraten aus dem Ofen oder auch einfach einen „hausg'machta Gaissakäs", einen Ziegenkäse natur auf dem Holzbrett. Ich stelle mir vor, einen solchen auf der sonnigen Panoramaterrasse im Schatten der großen Ahornbäume zu genießen und bin begeistert.

Kaum ein Gast, der nicht am Ende seiner erholsamen Zeit im Alpengasthof Schwand das eine oder andere leckere Mitbringsel im Gepäck hat. Die Auswahl ist groß: Die hausgemachten Produkte reichen von zehn verschiedenen Sorten Ziegen-Weichkäse, eingelegtem Ziegenkäse in Olivenöl bis hin zu Ziegen-Kaminwurzen oder Ziegensalami. Neben der eigenen Ziegen und der guten Küche hat der Alpengasthof aber noch einiges mehr zu bieten: Mir persönlich haben es die modernen, hellen Gästezimmer im alpenländischen Design angetan. Auch das Panorama ist eine Wucht. Und ganz nebenbei blickt die Familie Tauscher-Kögel in Schwand auf weit über 100 Jahre Gasthaustradition im Familienbesitz zurück. Ein Haus mit Geschichte also, vor allem aber mit Zukunft: Sohn Florian eifert dem Vater nach und übt bereits seinen Beruf als Koch aus.

Alpengasthof Hotel Schwand
Schwand 3
87561 Oberstdorf
☎ 0 83 22 / 50 81
www.hotel-schwand.de

„Ein Berggasthof wie das Oytalhaus, mit solch kulinarischen Leckereien, ist schwer zu finden."

Tosca Maria Kühn, Autorin

Berggasthof Oytalhaus

An der imposanten Skisprungschanze vorbei schlängelt sich der schmale Weg immer weiter nach oben ins malerische Oytal. Zwischen duftenden Bergwiesen und hohen Tannen, zerklüfteten Felsen und Gebirgsbächen rückt der Alltag mit jedem Schritt etwas mehr in den Hintergrund. Plötzlich öffnet sich das Hochtal inmitten des Naturschutzgebiets Allgäuer Hochalpen und zeigt sich in seiner ganzen Pracht. Links und rechts säumt eine herrschaftliche Allee mit über 100 Jahre alten Bergahornbäumen den Weg. Sie führt zum Berggasthof Oytalhaus, einem geschichtsträchtigen Ort: Bereits im 19. Jahrhundert fand hier der legendäre Wilde-Männle-Tanz statt und ein paar Jahre später entstand die erste Waldschenke. Heute erstrahlt der Berggasthof in neuem Glanz und hat mit Familie Redlich einen Hauptgewinn gezogen. Peter Redlich kommt aus der Sternegastronomie und hat in den besten Häusern Deutschlands und in internationalen Spitzenbetrieben gelernt und gewirkt. Auch seine Frau Ingrid hat jahrelange Erfahrung in Sternehäusern gesammelt. Beide zusammen haben ihren ganz eigenen, neuen Weg gesucht und den Berggasthof Oytalhaus gefunden. Mit ihrer Erfahrung und ihrem Können bieten sie den Gästen des wildromantischen Anwesens am Fuße des Großen und des Kleinen Wilden mit Blick auf den legendären Enzianberg Höfatz alles, was das Wandererherz begehrt, und noch so einiges mehr. Wer nach einer anstrengender Bergtour vom Nebelhorn über den Gleitweg ins Oytal oder aber per Pferdekutsche aus Oberstdorf kommt, um beispielsweise das faszinierende Naturspektakel des Seebacher Wasserfalls zu erleben, hat Glück: Ein Berggasthof mit solch kulinarischen Leckereien ist schwer zu finden.

Ab und an bricht sich in Peter Redlich der Sternekoch Bahn, und dann zaubert er auf Wunsch Gourmetmenüs im Schanzenturm der berühmten Skisprungschanze Oberstdorf und verwöhnt seine Gäste weit oben über den Dächern mit Sterneküche auf höchstem Niveau. Die Oytalhaus-Familie Redlich hat in wenigen Jahren viel auf die Beine gestellt, und es ist schön zu sehen, dass auch die Kinder Elisabeth und Maximilian die Begeisterung ihrer Eltern für gutes Essen teilen. Sohn Maximilian hat bereits seine Kochausbildung im 5-Sterne-Hotel begonnen und brennt darauf, die kulinarische Welt zu erobern.

Rinderfilet in Rotweinsud und Bergheu pochiert

Das Rezept zur Spezialität des Hauses finden Sie auf Seite 85

Berggasthof Oytalhaus
Oytal 1
87561 Oberstdorf
☎ 0 83 22 / 8 03 81
www.oytalhaus.de

Rehrücken im Brick-Crêpe mit Pilzen und Piemonteser Teigtaschen

Königliches Jagdhaus , S. 75

Zutaten für 4 Personen

Rehrücken *600 g Rehrücken | Piment, Wacholder, Rosmarin | Salz, Pfeffer | 2 Brickblätter | 2 Eigelb | 100 g Spinatblätter | 150 g Farce (Brät) | 1 l Rapsöl zum Ausbacken*

Pilze *je 150 g Steinpilze und Pfifferlinge | 60 g Butter zum Braten | 50 g Schalotten | Salz und Pfeffer, frisch gemahlen | Majoranblätter zum Garnieren*

Teigtaschen *500 g doppelgriffiges Mehl (Typ 00) | 5 Eier | Salz | ½ TL Olivenöl | Sepia-Tinte | 1 Eigelb*

Füllung: *200 g Spinat | 50 g Schalotten | 1 EL Butter zum Braten | 20 g Haselnüsse, geröstet | Muskat, Salz und Pfeffer*

Zubereitung

Den Rehrücken mit Gewürzen sowie mit Salz und Pfeffer leicht anbraten. Auf Küchenpapier abtropfen. Brickteigblätter auslegen und mit Eigelben bestreichen. Spinat roh auflegen, mit gewürztem Brät dünn bestreichen und den Rehrücken darüberlegen. Das Ganze kompakt zusammenrollen, Rand mit Eigelb bestreichen, damit er fest zubleibt. Die Rolle im 160 °C heißen Öl etwa 5 Minuten ausbacken und im Backofen bei 80 °C weitere 10 Minuten garen.

Pilze in geschmolzener Butter anbraten. Schalotten fein würfeln, mit andünsten. Mit Salz und Pfeffer abschmecken und mit Majoranblättern garnieren.

Für die Füllung den Spinat in Streifen schneiden, die Schalotten würfeln und in Butter dünsten. Nüsse zufügen und mit Muskat, Salz und Pfeffer abschmecken.

Für den Teig Mehl, Eier, Salz und Olivenöl verrühren, in Klarsichtfolie wickeln und 20 Minuten ruhen lassen. Die Hälfte des Teiges mit Sepia-Tinte färben. Den ungefärbten Teig dünn ausrollen, mit Eigelb bestreichen und die Füllung mit Abstand darauflegen. Mit einer zweiten ungefärbten Teigschicht bedecken und fest andrücken. Aus dem mit Sepia gefärbten Teig dünne Nudelstreifen herstellen und in regelmäßigen Abständen auf den hellen Teig legen. Die einzelnen Teigtaschen mit einem Messer in die gewünschte Form schneiden und in kochendem Wasser mit Meersalz 10 Minuten al dente kochen.

Bierbratl mit Dunkelbiersoße, Rahmwirsing und Kartoffelknödel

Oberstdorfer Dampfbierbrauerei, S. 79

Zutaten für 4 Personen

Braten *1 kg Schweinebauch mit Schwarte, durchwachsen, ohne Knochen | je 2 EL frischer Majoran und Thymian | 1 Knoblauchzehe | Salz und Pfeffer, frisch gemahlen | Öl zum Braten | 50 g Lauchstange | 100 g Sellerieknolle | 100 g Karotten | 100 g Zwiebeln | ¼ l dunkles (Dampf-)Bier | ½ l dunkle Fleischbrühe | 1 Messerspitze gemahlener Kümmel | Salz, Pfeffer | Mehl zum Binden*

Rahmwirsing *½ Wirsingkopf | 100 g Speck | 1 Zwiebel | Butterschmalz zum Braten | ¼ l Sahne*

Kartoffelknödel *1 kg Kartoffeln | 1 Ei | 1 Prise gemahlener Muskat | Salz und Pfeffer | 2 EL Kartoffelmehl | geröstete Weißbrotwürfel*

Zubereitung

Den Schweinebauch mit Kräutern, der gehackten Knoblauchzehe sowie mit Salz und Pfeffer kräftig einreiben und 1 Stunde im Kühlschrank durchziehen lassen. Beide Seiten in Öl scharf anbraten.

Das Gemüse fein würfeln, ebenfalls goldbraun anbraten, mit der Hälfte des Bieres ablöschen und etwas einkochen. Den Braten auf das Gemüse legen und bei 160 °C etwa 1 ½ bis 2 Stunden braten. Nach 1 Stunde mit dem restlichen Bier übergießen und reduzieren. Schließlich den Braten herausnehmen.

Das Gemüse mit der Fleischbrühe passieren, mit Kümmel, Salz und Pfeffer abschmecken und nach Belieben mit Mehl binden.

Den Wirsing in 5 Zentimeter große Stücke schneiden, in 2 Liter kochendem Salzwasser blanchieren und mit kaltem Wasser abschrecken. Speck und Zwiebel würfeln und in Butterschmalz anschwitzen. Wirsing dazugeben, mit Kümmel, Salz und Pfeffer abschmecken und mit Sahne kurz aufkochen.

Für die Knödel etwa ein Drittel der Kartoffeln kochen, den Rest ungekocht fein reiben. Die gekochten Kartoffeln durch die Kartoffelpresse drücken und mit den geriebenen Kartoffeln vermischen. Ei, Muskat, Salz, Pfeffer und Kartoffelmehl dazugeben und gut mischen. Knödel formen, dabei geröstete Weißbrotwürfel in die Mitte des Knödels legen und in leicht kochendem Salzwasser circa 15 Minuten ziehen lassen.

Ziegenkäse im Speckmäntelchen mit Trüffelöl, Waldhonig und Pinienkernen

Alpengasthof Hotel Schwand, S. 80

Zutaten für 4 Personen

Ziegenkäse *4 Scheiben Ziegenweichkäse (circa 4 cm dick)* | *150 g roher Speck* | *20 g Pinienkerne* | *Trüffelöl* | *Waldhonig*

Salat *1 Kopf Blattsalat oder 500 g Wildkräutersalat* | *weißer Balsamessig (Aceto balsamico)* | *Olivenöl* | *Zucker* | *Salz und Pfeffer, frisch gemahlen* | *Gartenkräuter*

Zubereitung

Die Ziegenweichkäsescheiben in Speck einwickeln und in der Pfanne leicht von allen Seiten anbraten, bis der Käse an den Rändern zu schmelzen beginnt. In einer anderen Pfanne die Pinienkerne vorsichtig hellbraun anrösten. Den Salat in einem Dressing aus weißem Balsamessig, Olivenöl, Zucker, Salz und Pfeffer kurz marinieren und mit frischen Gartenkräutern verfeinern. Die gebackenen Ziegenweichkäsescheiben auf dem Blattsalat anrichten und mit etwas Trüffelöl beträufeln. Dünne Waldhonigfäden darüberziehen und mit gerösteten Pinienkernen und grob gemahlenem Pfeffer vollenden.

Rinderfilet in Rotweinsud und Bergheu pochiert

Berggasthof Oytalhaus, S. 83

Zutaten für 4 Personen

Rindfleisch *800 g Rinderfilet* | *Knoblauch, Thymian und Rosmarin zum Marinieren* | *Salz, weißer Pfeffer* | *Öl zum Anbraten*

Rotweinsud *1 Zwiebel* | *1 Karotte* | *1 Lauchstange* | *½ Sellerieknolle* | *Öl zum Braten* | *¼ l Rotwein* | *¾ l Gemüsebrühe* | *2 Knoblauchzehen* | *2 Lorbeerblätter* | *1 Zimtstange* | *3 Gewürznelken* | *Wacholderbeeren* | *1 Handvoll frisches, sauberes Heu* | *Pfefferkörner* | *1 EL Salz*

Soße *1 Bund Bärlauch* | *1 Knoblauchzehe* | *150 g weiche Butter* | *½ Zwiebel* | *Öl* | *¼ l Gemüsebrühe* | *¼ l Sahne* | *Balsamico* | *Salz, Pfeffer*

Zubereitung

Das Rinderfilet am Vortag mit Knoblauch, Thymian und Rosmarin eng in eine Klarsichtfolie einschlagen und kalt stellen.
In Vorbereitung für die Soße Bärlauch und Knoblauch fein hacken, in die weiche Butter einrühren und anschließend mit einer Klarsichtfolie zu einer Rolle gedreht im Kühlschrank lagern.
Das Rinderfilet aus der Folie nehmen, salzen, pfeffern und circa 5 Minuten rundum anbraten.
Für den Rotweinsud das Gemüse würfeln und in Öl anrösten. Mit Rotwein ablöschen, kurz einkochen und mit Gemüsebrühe aufgießen. Die Gewürze und das Heu dazugeben (idealerweise in Teebeutel gepackt, damit sie später problemlos entfernt werden können), den Sud nochmals aufkochen und dann zur Seite stellen.
Das angebratene Rinderfilet in den Sud hineinlegen und ziehen (nicht kochen) lassen. Nach etwa 25 Minuten bei einer Kerntemperatur etwa 75 °C ist das Rinderfilet auf dem Punkt. Das Fleisch kann maximal bis zu 1 Stunde im Sud bei 75 °C warm gehalten werden, sonst beginnt es auszutrocknen.
Für die Soße die Zwiebel fein hacken und in Öl anschwitzen. Mit Gemüsebrühe aufgießen, kurz einkochen und die Sahne dazugeben. 3 bis 4 Minuten reduzieren und dabei immer wieder umrühren. Anschließend die gekühlte Bärlauch-Knoblauch-Butter in kleinen Flocken mit dem Schneebesen einrühren, nicht mehr aufkochen und mit Balsamico, Salz und Pfeffer abschmecken.

Leuchtende Alpenrosenfelder und uralte Eiben – die Hörnergruppe

Vor gar nicht langer Zeit haben sich die Oberallgäuer und Vorarlberger zu einem besonderen Projekt zusammengeschlossen: dem Naturpark Nagelfluhkette. Die Natur zu schützen und nachhaltig zu behandeln, ist dabei das große Ziel. Zu dieser grenzüberschreitenden Region gehört auch die sogenannte Hörnergruppe, eine Gipfelgruppe, zu deren Füßen die Hörnerdörfer Fischen, Bolsterlang, Obermeiselstein, Ofterschwang und Balderschwang liegen. Mächtigster Gipfel der Hörnergruppe ist das Riedberger Horn. Schon Luis Trenker zeigte sich seinerzeit begeistert von der markanten Erhebung. Daneben ragt fast ebenso hoch der Wannenkopf empor. Mittendurch führt der Riedbergpass, der höchste befahrbare Gebirgspass Deutschlands. Im Winter genießen Urlauber und Oberallgäuer die bekannten Skipisten und im Sommer das weitverzweigte Netz an Wanderwegen. Aber nicht nur die sportliche Herausforderung macht die Hörnergruppe zu etwas Besonderem, es ist auch die artenreiche Tier- und Pflanzenwelt, die sich hier offenbart. Zwar prägen auf den ersten Blick die friedlich grasenden grau-braunen Allgäuer Kühe das Landschaftsbild, doch schon bei genauerem Hinsehen finden sich auch Schafherden, Ziegen oder Pferde auf den Weiden der Bauern. Wer durch die Wälder streift, an den Seen entlangspaziert oder querfeldein auf Entdeckungstour geht, dem bieten sich einzigartige Einblicke in die Tierwelt des Oberallgäus. So finden sich in den entlegenen Tälern seltene Schmetterlingsarten und in den klaren Bächen Flusskrebse. Die Wälder sind Unterschlupf und Lebensraum für Rotwild, Gämse, Füchse, Fledermäuse, Dachse, Marder oder Iltis. Viele Vögel wie Steinadler, Uhu, Schwalbenschwanz oder Buntspecht fühlen sich hier heimisch.

Manchmal ist sogar der eindrucksvolle Akrobat der Lüfte, der Wanderfalke, zu sehen. Es ist berauschend zu erleben, wie er hoch oben am blauen Himmel seine weiten Kreise zieht und alles, was unter ihm passiert, genau beobachtet.

Auch die Artenvielfalt der Berg-, Wald- und Wiesenpflanzen in den Oberallgäuer Bergen ist grandios. In den unterschiedlichsten Lebensräumen wie Hochmooren, Feuchtwiesen, Bachläufen, Wäldern und Seen herrschen ideale Bedingungen für wunderschöne und teilweise sehr seltene Blumen. So leuchten übers Jahr sonnengelbe und goldene Blüten von Huflattich, Sumpfdotterblume, Troll-

blume, Aurikel, Bergahorn, Steinkraut, Gemswurz oder Goldnessel in den Wiesen und an den Waldrändern. Vergissmeinnicht, Alpenfeilchen, Wiesensalbei, Akelei, Küchenschelle, Seidelbast oder Herbstzeitlose bestechen durch zartes Hellblau oder kräftiges Violett.

Jede Jahreszeit hat ihre eigenen Farben: Das sonnengelbe Meer aus Löwenzahnblüten im Frühjahr verwandelt sich wenig später in Pusteblumen, die Wiesen und Weiden beinahe verschneit aussehen lassen. Je sommerlicher es wird, desto bunter blüht das Oberallgäu. Wiesenschaumkraut, Kuckucksblumen, Schafgarben sowie Roter und Weißer Klee zieren die Bergwiesen, und vereinzelt leuchten prächtige Alpenrosenfelder am Riedberger Horn. In der Nähe des Hörnerdorfs Balderschwang bewundere ich die älteste Eibe Deutschlands. Sie soll weit über 2 000 Jahre alt sein und wächst auf über 1 100 Höhenmetern. Es handelt sich um eine sogenannte Doppeleibe, die auf dem kalkhaltigen Nagelfluhboden steht und eindrucksvoll die Kraft und Stärke der Natur widerspiegelt. Jahr für Jahr trotzt sie Schnee, Hagel, Blitz, Donner, Hitze und Regen und nicht zuletzt auch dem Menschen. Denn gerade im Mittelalter war Eibenholz begehrt, und es ist wohl nur einem glücklichen Zufall zu verdanken, dass die Eibe zur damaligen Zeit verschont wurde.

„Die Saison in der eigenen Region herauszustellen und unseren Gästen die allerhöchste Qualität zu bieten, das ist mir besonders wichtig."

Guido Ritzinger, Gastgeber

Der Kulinarische Kitzebichl ist bekannt – und das nicht nur im Oberallgäu. Die exzellente Küche von Guido Ritzinger gehört seit Jahren zur kulinarischen Spitze der Region. Hinter dieser Erfolgsgeschichte stecken viele Jahre Aufbauarbeit sowie vor allem ein Top-Team: Doris und Guido Ritzinger. Die beiden Gastronomieprofis ergänzen sich perfekt und haben an einem der schönsten Plätze im Oberallgäu Großes geschaffen. Was mit bodenständiger Küche von bester Qualität vor fast 20 Jahren seinen Anfang genommen hat, erfreut heute Gourmets von überall her. Man könnte sagen, der Kulinarische Kitzebichl ist das „Wow-Erlebnis" im Allgäu-Urlaub eines jeden Feinschmeckers.

„Ich liebe es zu kochen", sagt Guido Ritzinger leidenschaftlich und gerät noch mehr ins Schwärmen, als er von seinen ersten Backerlebnissen in Großmutters Küche erzählt: „Rouladen backen, dieses Teigrollen und Pudern, das war für mich schon als Kind der absolute Wahnsinn!" Wenn man Guido Ritzingers Geschichten weiter lauscht, fällt es nicht schwer, das zu glauben. Begeistert erzählt er von Abenden mit Freunden, die – so wie es üblich ist – zunächst am Tisch beginnen, und die dann jedoch als nächtliche Küchenparty am Herd ihren Fortgang nehmen. Grund für den Schauplatzwechsel ist das eine oder andere Kochexperiment, das Guido Ritzinger spontan oder „unplugged", wie er es nennt, eben mal schnell auf die Beine stellt und alle davon probieren lässt. Auch die Art und Weise wie er über die Produkte spricht, die er verarbeitet, lässt eine Ahnung davon aufkommen, welche Bedeutung das Kochen für ihn hat. Da ist die Rede von ganz bestimmtem Wild, das ihm Jäger seines Vertrauens aus dem nahe gelegenen Bolgental bringen, von den Meeresfischen, die fangfrisch angeliefert werden, und natürlich von der Saisonalität. „Die Saison in der eigenen Region herauszustellen, das ist mir besonders wichtig", sagt Guido Ritzinger mit Nachdruck, „sowie unseren

Gästen die allerhöchste Qualität zu bieten." Einst einer der besten seines Jahrgangs bei der Kochausbildung, später, nach dem Studium der Fremdenverkehrswirtschaft, Manager in weltbekannten Tophotels, und auch auf Lehrtour bei den bekanntesten Sterneköchen war es immer das Streben nach Perfektion, das Guido Ritzinger zu Höchstleistungen antrieb. Bis heute gibt er sich nur mit dem Bestmöglichen zufrieden. Das zeigt sich auch in seiner neuen Wirkungsstätte, der „Kost Bar" im nahen Fischen. Wenn er nicht in der Kitzebichl-Küche zaubert, dann ist er hier zu finden, zwischen Feinkost und hochwertigen Weinen, mit denen er seine Kunden aus der nahen und auch weiteren Umgebung erfreut.

Rehrücken mit Rosmaringlace und Ingwer-Preiselbeer-Palatschinken

Das Rezept zur Spezialität des Hauses finden Sie auf Seite 104

Kulinarischer Kitzebichl
Flurstraße 5
87538 Bolsterlang
☎ 0 83 26 / 96 09
www.kitzebichl.de

Gasthof Hirsch

„Ich nehm' mir jedes mal vor, was anderes auszuprobieren, und dann bestell' ich doch immer die herrlichen Krautkrapfen."

ein Gast

Hirschbraten an Wacholdersoße mit Waldpilzen in Kräuterrahm

Das Rezept zur Spezialität des Hauses finden Sie auf Seite 104

Der Gasthof Hirsch ist das Traditionswirtshaus direkt neben der Dorfkirche im idyllischen Obermaiselstein. Hier kocht seit über 40 Jahren Familie Lambert für Gäste von weit her sowie für Einheimische. Wer vor dem Dorfgasthof mit der hell getünchten Fassade, den braun bemalten Fensterläden und den herrlichen Blumen innehält, um das Wirtshaus näher in Augenschein zu nehmen, wird schnell das stattliche Hirschgeweih hoch oben zwischen Wirtshausschild und Giebel bemerken. Und wer dann mit der stillen Hoffnung auf ein gutes Wildgericht eintritt, wird erstaunt sein. Denn das, was im Hirsch tatsächlich auf den Tisch kommt, ist nicht nur gut, es ist bodenständige Küche vom Allerfeinsten. Hier wird ehrlich, frisch und vor allem ausgezeichnet gekocht. Und dafür stehen mit Wolfgang Nerb und Markus Lambert sogar zwei Kochprofis in der Hirsch-Küche. Sie haben beide denselben hohen Anspruch an sich, an die Produkte, die sie verarbeiten, sowie an das, was die Gäste schließlich serviert bekommen. Und sie haben ein ganz besonderes Händchen für die Zubereitung von Fleischgerichten: Ob Hirschbraten, Steaks, Ochsenbrust oder Wellfleisch, was auch immer die Hirsch-Küche verlässt, ist frisch zubereitet und exakt gegart bis auf den Punkt. Kaum verwunderlich, dass Urlauber oft noch vor ihrer Anreise von zuhause anrufen und fragen, wann beispielsweise wieder die Schweinshaxe auf der Karte steht. Denn um die absolute Frische der Speisen garantieren zu können, gibt es an jedem

Tag eine Besonderheit im Hirsch. Freitags die Allgäuer Kässpatzen oder den hausgemachten Kartoffelsalat und samstags eben die Schweinshaxen. Mit Leidenschaft und nicht zuletzt auch mit einer großen Portion Humor erzählen die beiden Küchenchefs von ihrer Arbeit. Viele Stammgäste, die oft schon jahrelang in den Traditionsgasthof kommen, sind echte „Hirsch-Fans" und haben meist auch ihr Lieblingsgericht: „Ich nehm' mir jedes mal vor, was anderes auszuprobieren, und dann bestell' ich doch immer die herrlichen Krautkrapfen", verrät mir einer der Gäste augenzwinkernd. Die Leut' kommen gern in den Hirsch, das merkt man, und dafür sorgen nicht zuletzt auch Mutter Julia, Bruder Reinhold, Frau Katrin und das ganze Team, die sich alle mit Hingabe um den Service und das gemütliche Drumherum im Hirsch kümmern.

Gasthof Hirsch
Am Scheid
87538 Obermaiselstein
☎ 0 83 26 / 36 14-0
www.hirsch-obermaiselstein.de

AUGAUER
Gasthof
"Hirsch"

Postgarten

„Qualität hat bei uns oberste Priorität."

Johann Kiesel, Gastgeber

Restaurant & Brasserie Alte Post

Es ist die liebevoll arrangierte Tischdekoration mit Allgäuer Wiesenblumen, die mir beim Betreten der Alten Post sofort ins Auge fällt. Ein kleines Detail, das so viel sagt über die Gastgeber Edith und Johann Kiesel. Dieses kleine bisschen Mehr, das die Gäste in der Alten Post erleben, und die Hingabe, mit der die Kiesels zu Werke gehen, machen den Unterschied. Seit 20 Jahren steht die Alte Post am Rande der Sonthofner Fußgängerzone für gleichbleibend hohe Qualität, und zu Recht ist das Traditionslokal die erste Adresse für kulinarischen Genuss in Sonthofen. Die Speisekarte ist vielseitig und überrascht immer wieder mit leichten und mediterranen Varianten klassischer Gerichte: Vegetarisches, wie die hausgemachten Spinat-Quarknudeln mit Salbeibutter, Heimisches, wie das Allgäuer Pilzgröstl mit Pfifferlingen, und Besonderes, wie das marinierte Lammnüsschen mit Kräuterkruste oder das Bachsaiblingsfilet auf Graupenrisotto, erfreuen Gäste und Einheimische gleichermaßen. Und auch Naschkatzen werden in der Alten Post mit saisonalen, süßen Sünden verwöhnt. Was an Dessertvariationen mit hausgemachten Parfaits und verführerischen Cremes auf beerendekorierten Tellern an mir vorbeizieht, sieht fantastisch aus und macht Lust auf Mehr. Genussvolle Höhepunkte in der Alten Post sind ohne Frage die kulinarische Weinprobe, ein 5-Gänge-Menü mit teils mehreren Weinempfehlungen für jeden Gang sowie das Candle-Light-Dinner. Letzteres findet regelmäßig, aber immer mit einem anderen Thema statt. So verwöhnt Johann Kiesel seine Gäste dabei das eine Mal mit österreichischer Küche und das andere Mal steht alles für einen Abend lang im Zeichen der Minze. Die passende Dekoration zum Thema, um die sich Edith Kiesel mit viel Liebe zum Detail persönlich kümmert, macht das kulinarische Gesamterlebnis perfekt. Wer also was zu feiern hat, einen warmen Sommertag im Postgarten genießen oder einfach nur mit einer Tasse Kaffee oder einem kühlen Pils den Bummel durch die Sonthofner Innenstadt ausklingen lassen will, ist in jedem Fall goldrichtig in der Alten Post und wird garantiert exzellent umsorgt.

Bachsaiblingsfilet auf Graupenrisotto mit Gemüsestroh

Das Rezept zur Spezialität des Hauses finden Sie auf Seite 105

Restaurant & Brasserie Alte Post
Promenadestraße 5
87527 Sonthofen
☎ 0 83 21 / 25 08
www.altepost-sonthofen.de

Natur- und Freizeitparadies Großer Alpsee bei Immenstadt

Wer zum ersten Mal das Oberallgäu besucht, ist oft überrascht, wie viele große und kleine Seen das Bild prägen. Denn obwohl das Oberallgäu in erster Linie für Berge steht, gehören auch einzigartig schöne Seen dazu. Neben den vielen kleinen, verträumten Weihern, Naturseen und Badeseen ist der Große Alpsee bei Immenstadt besonders hervorzuheben. Der größte Natursee des Allgäus am Fuße des Mittags liegt malerisch eingebettet zwischen Wiesen, Wäldern und Weilern. Gespeist wird er von der Konstanzer Ach und zahlreichen kleineren Seitenbächen, und irgendwann ergießt sich sein Wasser schließlich in die Iller. Zusammen mit dem Kleinen Alpsee und dem Teufelssee bildet er eine richtige Seenlandschaft, die sich über mehrere Kilometer erstreckt. An seiner tiefsten Stelle misst der Große Alpsee etwa 22 Meter und seine Uferlandschaft mit Sand, Kies, Steinen und Böschungen bietet Unterschlupf und Lebensraum für viele Tiere und Pflanzen. So finden sich rund um den See seltene Orchideenarten, Trollblumen, Mehlprimeln, bunte Schachtelhalme, Schwertlilien, Wollgras und viele andere bemerkenswerte Pflanzen. Besonders zauberhaft sind die Seerosen, die hier und da als bunte Farbtupfen das Wasser zieren. In den dichten Uferböschungen verbergen sich Rohrammern, Schilfrohrsänger oder Teichrohrsänger. Wer sich die Zeit nimmt und genau hinsieht, kann auch Haubentaucher, Blesshühner und Flussuferläufer entdecken. Sogar Eisvögel brüten in den Uferregionen des Landschaftsschutzgebiets Großer Alpsee.

Neben der vielfältigen Tier- und Pflanzenwelt sowie der idyllischen Lage ist das große Gewässer vor allem bei Sportlern bekannt. Der See liegt in einem Tal, das sich von Osten nach Westen erstreckt, und dort herrschen meist gute Windverhältnisse für Segler und Surfer. Die jährlichen Segelregatten sind sowohl für Teilnehmer als auch für Zuschauer echte Erlebnisse. Tausende von Sportlern kommen alljährlich zum Allgäu-Triathlon an den Großen Alpsee und nach Immenstadt. Und ein Höhepunkt für Läufer ist sicherlich der jährliche „Lauf um den Großen Alpsee". Wer's gemächlicher mag, der findet entlang der Seeufer die schönsten Spazierwege und versteckten Plätzchen. Auch lässt es sich mit dem Ruder- oder Tretboot an sonnigen Tagen ganz gemütlich über das tiefblaue Wasser gleiten. Angler schätzen den Großen Alpsee genauso wie Mountainbiker, die auf ihren zwei Rädern

die herrlichen Uferwege erkunden. Aber auch für Sonnenhungrige finden sich rundherum tolle Bademöglichkeiten und schöne Strandanlagen.
Eine kleine historische Sensation auf dem Großen Alpsee ist der Alpsee-Segler „Santa Maria Loreto". Entstanden aus dem Wrack eines alten Lastsegelschiffes, das am Bodensee gehoben und aufwendig restauriert wurde, dient die „Santa Maria" heute als nostalgisches Seetaxi. Eine Rundfahrt auf dem historischen Alpsee-Segler ist ein ganz besonderes Erlebnis und eine außergewöhnliche Art und Weise, den See und die Region ringsum zu erkunden.
Vom See aus hat man nicht zuletzt auch einen herrlichen Blick auf das verträumte Bühl mit den Wallfahrtskirchen St. Stephan und Maria Loreto. Letztere ist eine maßstabsgetreue Nachbildung des Originals im italienischen Ancona.
Wer sich das Ganze von oben betrachten möchte, sollte einen Ausflug auf einen der Immenstädter Hausberge machen. Das fast 1 500 Meter hohe Immenstädter Horn und der ähnlich hohe Mittag, der östlichste Berg der Nagelfluhkette, bieten neben herrlichen Wandermöglichkeiten einmalig schöne Ausblicke auf die gesamte Region um Alpsee und Immenstadt.

Rathaus Immenstadt

Brunnen auf dem Rathausplatz

Seebühne

Immenstadt

NATO
CHATEAU LAGRANGE
GRAND CRU CLASSE
ST JULIEN-MEDOC
1994
12 Blles
CHATEAU DESTIEUX
1988
SAINT EMILION
1980
LES FORTS DE LATOUR
Chateau Mouton Rothschild
1994
Chateau Mouton Rothschild
HÉCULA
12 Blles
1997
CHATEAU LES ORMES DE PEZ
ST ESTÈPHE-MEDOC
CHATEAU L'ÉVANGILE
GRAND VIN
POMEROL
HÉRITIERS P. DUCASSE
84
CHATEAU CAMENSAC
HAUT-MEDOC
GRAND CRU CLASSE EN 1855
1994

„Wenn die Elemente des Weins und die Aromen des Essens perfekt zueinanderpassen, erlebt der Genießer eine wahre Geschmacksexplosion."

Christoph Blees, Sommelier

„Wein soll Spaß machen", sagt Christoph Blees. Vor allem fasziniert den gelernten Sommelier und erfahrenen Weinkenner das Zusammenspiel der Aromen. Dank seiner Kochbegeisterung und Experimentierfreude kann er aus dem Stand die verschiedensten kulinarischen Genüsse mit den passenden Weinen zusammenbringen. Denn für Christoph Blees ist Wein gerade im Zusammenhang mit harmonierenden Speisen ein absoluter Hochgenuss. „Wenn die Elemente des Weins und die Aromen des Essens perfekt zueinanderpassen, ist es für beide ein Gewinn, und der Genießer erlebt eine wahre Geschmacksexplosion", erklärt er leidenschaftlich. Es macht Spaß, mit Christoph Blees über Wein und Essen zu philosophieren. Vor allem, weil er Wein nicht immer so bierernst sieht. Und genau das schätzen auch die vielen Stammkunden, die in den Flaschengeist kommen: absolut kompetente und erstklassige Beratung, gepaart mit Leidenschaft und Humor. „Wenn ich

mit meiner Familie Urlaub mache, hat immer der eine den Reiseführer und der andere den Weinführer der Region zur Hand", sagt Christoph Blees und lacht, „es finden sich eigentlich alle unsere Reisen in irgendeiner Form hier im Flaschengeist wieder." Das mit viel Bedacht und hohem Qualitätsanspruch zusammengestellte internationale Sortiment birgt so manche Überraschung. Neben ausgesuchten Weinen aus allen wichtigen Weinanbauländern finden auch speziell angefertigte Kaffeespezialitäten aus einer kleinen familienbetriebenen Rösterei ihren Platz. Teesorten aus aller Welt in alten Apothekergläsern präsentiert, köstliche Feinkost, süße Leckereien und ausgesprochen schöne Vertreter ästhetischer Tischkultur ergänzen das vielfältige Angebot. Christoph Blees, der sich selbst bei deutschem Weißwein besonders wohlfühlt und bei Rotwein eher anstrengende, unmoderne Vertreter beispielsweise aus dem Piemont bevorzugt, hat schon früher oft mit Gleichgesinnten zusammen gekocht und dazu Weine probiert. Auch heute noch werden interessante Tropfen, die Christoph Blees auf Weinmessen findet, zusammen mit seiner Frau Marion und weinbegeisterten Freunden auf Herz und Nieren getestet. Was hier gut abschneidet, bekommt seinen Platz in den Weinregalen des Flaschengeists und erfreut Einheimische wie Gäste gleichermaßen.

Flaschengeist
Bahnhofstraße 25
87509 Immenstadt
☎ 0 83 23 / 98 71 97

Metzgerei Rehle

„Alles, was wir hier verkaufen, kommt auch bei uns daheim für unsere Kinder auf den Tisch!“

Bernhard Rehle, Metzgermeister

Tafelspitz in Vinaigrette

Das Rezept zur Spezialität des Hauses finden Sie auf Seite 105

Mit wem auch immer ich auf meiner kulinarischen Entdeckungsreise durch das Oberallgäu spreche, ob Urlauber, Einheimische oder Gastgeber, wenn es um Fleisch und Wurst geht, fällt überall derselbe Name: Rehle. Gemeint ist die Metzgerei Rehle im Herzen von Immenstadt. Familienbetrieb seit über 50 Jahren und ein Name, der für allerhöchste Qualität steht. „Ich mache meine Wurst so, dass ich sie selber gerne mag“, sagt Metzgermeister Bernhard Rehle, „und alles, was wir hier verkaufen, kommt auch bei uns daheim für unsere Kinder auf den Tisch!“ Genau das ist es, was die Kunden, mit denen ich spreche, bestätigen: Sie haben absolutes Vertrauen in die Arbeit von Familie Rehle und in die Qualität ihrer Produkte. Logische Konsequenz der hohen Ansprüche, die Rehles an sich selbst haben, sind im Übrigen Jahr für Jahr zahllose Auszeichnungen und Ehrungen für die Arbeit und Leistung des sympathischen Paars. Beide sind Macher und haben eine ganz klare Vorstellung von ihren hausgemachten Spezialitäten. Für den legendären Fleischsalat der Metzgerei Rehle werden beispielsweise keine Wurstreste verwendet, sondern eine eigens dafür gefertigte Wurst. Auch macht Bernhard Rehle über 15 verschiedene Salamisorten selber, schlachtet Rinder und Kälber und bezieht von persönlich ausgewählten allgäuer Betrieben Schweine, Geflügel und Wild.

Neben der erstklassigen Qualität der Immenstädter Metzgerei fällt außerdem besonders der kompetente und sehr persönliche Service auf. Fast ein Dutzend Mitarbeiter sind allein in dem mehr als großzügigen Verkaufsbereich beschäftigt. Immer präsent: Chefin Christiane Rehle, die mit ihren freundlichen und engagierten Verkäuferinnen ein tolles Damenteam zusammengestellt und geschult hat. Schon fest eingeplant für das Familienunternehmen ist im Übrigen auch Michael Rehle, Ältester von drei Kindern, der ebenfalls bereits die Meisterprüfung abgelegt hat. Die Zukunft des Familienbetriebs ist also gesichert, und der Blick in die Vergangenheit darf zu Recht stolz machen: denn der allererste Kunde der Metzgerei Rehle, der 1958 hier eine Brotzeit gekauft hat, kommt heute noch!

Metzgerei Rehle
Marienplatz 14
87509 Immenstadt
☎ 0 83 23 / 63 03

Pehle

Rehrücken mit Rosmaringlace und Ingwer-Preiselbeer-Palatschinken

Kulinarischer Kitzebichl, S. 91

Zutaten für 4 Personen

Rehrücken *480 g Rehrücken | 10 Eggerlinge | Butter zum Braten | 3 Wacholderbeeren | je 1 Rosmarin- sowie Thymianzweig*
Farce *200 g Geflügelfleisch | Salz, Pfeffer | 1 TL Petersilie | 4 Eiswürfel | Madeira nach Belieben | 100 ml Sahne*
Wildglace *2 Schalotten | 2 Wacholderbeeren | 50 g Butter | 1 Rosmarinzweig | 40 ml Portwein | 300 ml Wildfond | 20 ml Madeira*
Palatschinken *150 ml Milch | 75 g Mehl | 3 Eier | 20 g Butter, geschmolzen | Muskat, Salz und Pfeffer | 1 Ingwerknolle | 100 g Preiselbeermarmelade | 150 g Semmelbrösel*

Zubereitung

Für die Wildglace die Schalotten würfeln, die beiden Wacholderbeeren zerdrücken und zusammen mit dem Rosmarinzweig in 20 Gramm Butter anschwitzen. Mit Portwein ablöschen und mit Wildfond aufgießen.
Die Wildglace auf die Hälfte reduzieren und mit 30 Gramm kalter Butter binden. Anschließend absieben und mit Madeira verfeinern.
Für die Palatschinken Milch und Mehl glatt rühren. Zwei der Eier sowie die geschmolzene Butter dazugeben, würzen und ausbacken. Die Palatschinken auf einem Blech auskühlen lassen. Den Ingwer fein hacken und mit den Preiselbeeren vermengen. Damit die Palatschinken dünn bestreichen, einrollen, in Ei und Semmelbrösel wenden und in der Pfanne anbraten.
Für die Farce das Geflügelfleisch fein würfeln, mit Salz und Pfeffer würzen und für 1/2 Stunde im Tiefkühlfach anfrieren. Anschließend Petersilie zufügen und im Cutter mixen. Nach und nach Eiswürfel, Madeira sowie Sahne zugeben.
Den Rehrücken mit der Farce bestreichen. Die Eggerlinge in feine Scheiben schneiden und auf die Farce legen. Das Fleisch nun vorsichtig auf der unteren Seite in Wacholderbutter (etwas Butter mit zerdrückten Wacholderbeeren mischen) anbraten, Rosmarin und Thymian zugeben und den Rehrücken mit der schäumenden Butter übergießen. Anschließend bei 110 °C für etwa 8 Minuten in den Ofen geben, danach kurz ruhen lassen.

Hirschbraten an Wacholdersoße mit Waldpilzen in Kräuterrahm

Gasthof Hirsch, S. 92

Zutaten für 4 Personen

Hirschbraten *800 g Hirschfleisch (aus der Keule) | 100 g Lauch | 1 Zwiebel | 2 Karotten | 20 g Tomatenmark | ½ l trockener Rotwein | 1 l Gemüsebrühe | 2 Lorbeerblätter | 8–10 Wacholderbeeren | 1 EL Preiselbeermarmelade | 1 EL Mehl | Portwein, Sahne zum Verfeinern | Salz, Pfeffer*
Kräuterrahmpilze *1 EL Zwiebelwürfel | 10 g Butter | 200 g frische Waldpilze | ⅛ l Sahne | Muskat, Salz und Pfeffer | Schnittlauch, Petersilie | Butter und Mehl zum Binden*

Zubereitung

Den Hirschbraten mit Salz und Pfeffer würzen und im Bräter anbraten. Lauch, Zwiebel und Karotten grob würfeln, in den Bräter dazugeben und weitere 5 Minuten braten. Tomatenmark hinzufügen, kräftig rösten, mit Rotwein ablöschen und einkochen. Mit Gemüsebrühe aufgießen und die Lorbeerblätter sowie die Wacholderbeeren dazugeben. Im geschlossenen Bräter circa 45 bis 60 Minuten leicht köcheln lassen. Den Braten herausnehmen und warm stellen. Preiselbeermarmelade in die Soße geben und alles durch ein feines Sieb passieren. Die Soße mit Salz und Pfeffer abschmecken, bei Bedarf mit Mehl binden und mit etwas Portwein und Sahne verfeinern.
Für die Kräuterrahmpilze die Zwiebelwürfel in Butter glasig anschwitzen. Pilze hinzufügen und kurz anbraten. Sahne dazugießen und mit Muskat, Salz und Pfeffer abschmecken. Alles zusammen aufkochen und die fein gehackten Kräuter dazugeben. Wenn nötig, mit etwas Butter und Mehl binden.
Dazu können Semmelknödel serviert werden.

Bachsaiblingsfilet auf Graupenrisotto mit Gemüsestroh

Restaurant & Brasserie Alte Post, S.95

Zutaten für 4 Personen

Fisch *4 Filets vom Bachsaibling* | *Salz, Pfeffer* | *Saft von 1 Zitrone* | *50 g Butterschmalz zum Braten*

Risotto *2 Schalotten* | *1 Knoblauchzehe* | *2 EL Butter* | *1 EL Olivenöl* | *120 g Perlgraupen* | *100 ml trockener Weißwein* | *300 ml Hühnerbrühe* | *Salz, Pfeffer* | *15 g Parmesan, gerieben* | *20 ml Noilly Prat* | *2 EL Sahne*

Gemüse *Karotten, Sellerieknolle, Petersilienwurz* | *Rapsöl zum Frittieren*

Zubereitung

Für das Risotto Schalotten und Knoblauch fein hacken und je mit einem Esslöffel Butter und Olivenöl andünsten. Die Perlgraupen dazugeben und unter ständigem Rühren glasig dünsten. Mit Weißwein ablöschen und unter weiterem Rühren nach und nach die Hühnerbrühe zugeben. Immer wieder nachgießen, sobald die Graupen die Flüssigkeit aufgenommen haben.

Mit Salz und Pfeffer abschmecken. Solange bei schwacher Hitze kochen, bis die Graupen weich sind. Das Risotto sollte eine cremige und glänzende Konsistenz haben. Kurz vor dem Servieren nochmals abschmecken und mit Parmesan, der restlichen Butter, Noilly Prat und geschlagener Sahne verfeinern.

Die Saiblingsfilets kalt abspülen, auf Küchenpapier ablegen und mit Salz, Pfeffer und Zitronensaft würzen. Schonend in Butterschmalz goldbraun braten und warm stellen.

Das Gemüse in sehr feine Streifen schneiden und in heißem Rapsöl frittieren.

Tafelspitz in Vinaigrette

Metzgerei Rehle, S. 102

Zutaten für 4 Personen

Rindfleisch *1 kg Tafelspitz* | *2 Karotten* | *1 rote Zwiebel* | *½ weiße Zwiebel* | *½ l Fleischbrühe* | *1 TL Senf* | *1 Prise Zucker* | *Salz, Pfeffer* | *Essig, Öl* | *Essiggurken* | *Schnittlauch zum Garnieren*

Zubereitung

Das Rindfleisch in einen mit Wasser gefüllten Topf legen und circa 3 bis 4 Stunden schwach köcheln lassen. Den entstehenden Schaum dabei ständig abschöpfen.

Etwa 1 Stunde vor Garende die gewürfelten Karotten und Zwiebeln zugeben. Alles zusammen im Topf erkalten lassen.

Für die Vinaigrette ½ Liter der Fleischbrühe verwenden, bei Bedarf mit Wasser verdünnt, und mit Senf, Zucker, Salz und Pfeffer abschmecken. Dann etwas Öl und Essig unterrühren.

Das Fleisch von Fett befreien und gegen die Fasern in sehr dünne Scheiben schneiden.

Die Rindfleischscheiben mit dem gewürfelten Gemüse und den gewürfelten Essiggurken anrichten, mit der Vinaigrette beträufeln und mit Schnittlauchröllchen garnieren.

Weinempfehlungen zur Allgäuer Küche

Eine gute Richtlinie bei der Auswahl von Wein zu Speisen ist generell, die Weine einer Region auszuwählen, aus denen das jeweilige Gericht stammt. Nun gedeiht bei unserem rauen Klima im Allgäu kein Wein und wenn man die klassische Allgäuer Küche betrachtet, passt oftmals zu vielen Gerichten eher das Allgäuer Nationalgetränk Bier als Wein.

Doch auch hier im Allgäu hat sich die Küche in den letzten Jahren stark gewandelt. Zwar werden immer noch gerne die einheimischen Produkte (Käse, Wild, Rind) verwendet, doch werden sie heute in der Regel fantasievoll mit Einflüssen anderer Regionen kombiniert. Wein wird daher in der Allgäuer Küche immer wichtiger. Nun will ich Ihnen hier keine Vorschriften zur Kombination von Wein und Speisen machen. Grundsätzlich bin ich der Meinung: „Erlaubt ist, was gefällt". Jeder hat schließlich seine besonderen Vorlieben. Kombinationen, die für den einen die absolute Geschmackserfüllung sind, findet der nächste wiederum ganz unmöglich. Sollten Sie aber nicht ganz sicher sein, was Sie Ihren Gästen zum Allgäuer Festmahl kredenzen können, gebe ich gerne einen kleinen Leitfaden an die Hand.

Fisch und Flusskrebse:

Die Allgäuer Seen und Flüsse sind voller wunderbarer Fische. Es ist letztlich nicht entscheidend, welchen Süßwasserfisch Sie auswählen, sondern wie Sie ihn zubereiten und welche Soßen Sie zum Fisch kombinieren. Dünsten Sie Fisch und verwenden Sie außer dem Fischsud keine weitere Soße, nehmen Sie am besten frische, leichte, Weißweine. Ein trockener Riesling, ein Silvaner oder ein Rivaner sind in der Regel gute Kombinationen. Verwenden Sie eine sahnige oder buttrige Soße zum gedünsteten Fisch, ist der Griff zu einem Weißburgunder oder einem nicht zu kräftigen Chardonnay eine sichere Sache.

Braten oder grillen Sie den Fisch? Dann darf der Wein etwas kräftiger sein. Grauburgunder, Weißburgunder und Chardonnay sind drei Klassiker dazu. Die Weine dürfen sogar etwas im Holzfass gelegen haben. Röstaromen und dezente Holzaromen harmonieren sehr gut miteinander. Wer gern Rotwein zum Fisch kombinieren möchte, der sollte darauf achten, dass der Wein nicht zu körperreich ist und möglichst wenig Gerbsäure besitzt. Ich empfehle einen Vernatsch, einen Schwarzriesling oder auch einen leichten Bardolino.

Käse:

Zu den typischen Käsesorten im Allgäu, dem Bergkäs und dem Emmentaler, kombiniere ich am liebsten Weißweine. Die höhere Gerbsäure beim Rotwein lässt die Käse stumpf und trocken erscheinen. Weißwein hingegen macht den Gaumen wieder frei für den weiteren Genuss unserer Käsesorten. Beim Weißwein sollte man ebenfalls darauf achten, dass der Wein nicht extrem viel Säure besitzt. Ein Müller-Thurgau, Weiß- und Grauburgunder, trockene Scheurebe und Bacchus sind in der Regel stimmige Begleiter. Beim Riesling empfiehlt sich oftmals ein halbtrockener Wein, da dann das Verhältnis von Restzucker im Wein zur kräftigen Säure des Rieslings besser mit dem Käse harmoniert. Auch bei geschmolzenem Käse gelten die gleichen Empfehlungen. Gerade hier nehme ich gerne halbtrockene Weine oder trockene Weine mit sehr viel Aroma (Scheurebe, Gewürztraminer).

Kalb:

Beim Kalbfleisch empfehle ich gern Weißweine. Wer jedoch ein Rotweintrinker ist, sollte darauf achten, dass er eher einen dezenteren Rotwein mit nicht zuviel Körper zum Fleisch kombiniert, da sonst die Aromen des Kalbfleischs überdeckt würden. Die Weißweine hingegen sollten schon etwas körperreicher sein. In Deutschland würde ich zu einem kräftigen badischen Grauburgunder greifen, in Frankreich zu einem Wein aus Burgund (Chablis 1er Cru, Puilly Fuisse) oder dem Rhônetal (weißer Châteauneuf-du-Pape), in Italien und Österreich zu einem im Barrique ausgebauten Chardonnay. Generell sollte der Wein bei geschmorten Kalbfleischgerichten kräftiger sein als bei kurzgebratenem Fleisch.

Lamm und Rind

Je kräftiger das Fleisch, desto kräftiger darf der Wein sein. Generell nehme ich zu diesen Fleischarten natürlich Rotwein. Doch eine Ausnahme mache ich und die sollten Sie einmal ausprobieren. Zu einem kurz gebratenen Lammfilet wähle ich einen im Barrique ausgebauten Chardonnay oder Grauburgunder. Hier passen die Aromen vom Holz besonders gut zum Fleisch. Allgemein kann man jedoch sagen, dass Lammfleisch nicht unbedingt unheimlich körperreiche Weine benötigt. Auch würde ich sehr modern ausgebaute fruchtige Weine, wie sie oft aus Übersee kommen, nicht so gerne zum Lamm trinken. Orientieren Sie sich an den Gegenden, in denen viel Lamm gegessen wird. Süd- und Südwestfrankreich, Sardinien und Korsika. Auch klassisch ausgebaute Weine aus dem Rioja und Navarra bieten sich an. Ein guter Chianti, ein Morellino aus der Toskana. Lamm verträgt durchaus würzige Aromen und Säure im Wein.

Beim Rind kann man noch flexibler auswählen und der persönliche Geschmack wird für Sie entscheidend sein. Bei Steaks aller Art nehme ich, ähnlich wie beim Lamm, Weine, die einen nicht so starken fruchtigen Charakter haben. Weine von der Loire und aus dem Burgund, hochwertige Spätburgunder aus Baden und von der Ahr. Auch Chianti und Rioja stehen bei mir hier hoch im Kurs.

Bei geschmorten Rindfleischgerichten wie Gulasch und für diverse Braten kann man auch gut zu fruchtigeren Rotweinen greifen. Ein Blaufränkisch oder Zweigelt aus dem Burgenland, moderne Weine aus Süditalien (Primitivo, Nero d'Avola, Negroamaro) sowie Cabernet und Merlot aus Übersee. Sollte man deutsche Rotweine bevorzugen, nehmen Sie einen möglichst kräftigen Lemberger oder Dornfelder.

Wild:

Hirsch, Gams und Reh stehen auf den Allgäuer Speisekarten hoch im Kurs. Alle drei Wildarten vertragen sehr volle und fruchtige Rotweine. Ich persönlich wähle gern Weine aus Übersee zu Wildgerichten, insbesondere Shiraz (Syrah) aus Australien. Diese Weine verbinden eine intensive volle Fruchtigkeit mit Gewürznoten wie Wacholder und Nelken. Außerdem sind natürlich auch Cabernet, Malbec und Merlot aus Übersee schöne Varianten. In Italien würde ich zu modern vinifizierten Süditalienern greifen, in Frankreich zu Weinen aus dem Rhônetal (Châteauneuf-du-Pape, Gigondas). Deutsche Rotweine werden es in der Regel schwer haben, gegen die intensiven Wildaromen zu bestehen. Aber zum Beispiel ein möglichst kräftiger Spätburgunder aus den besten badischen Lagen würde harmonieren.

Weinempfehlung von Christoph Blees,
Flaschengeist, S. 101

Sportliche Höhepunkte rund um Oberstaufen

Vor dem Hintergrund der mächtigen Felsen des Hochgratmassivs liegt sanft eingebettet in weiche grüne Hügel das bezaubernde Oberstaufen. Nicht ohne Grund kommen seit vielen Jahren Urlauber aus der ganzen Welt in dieses beschauliche Örtchen am westlichsten Rand des Oberallgäus. Die Natur ringsum ist einmalig schön und die Nähe zu Bodensee und Bregenzer Wald bietet neben den zahllosen Freizeitaktivitäten direkt im und rund um den Ort selbst auch attraktive Ausflugsziele in nächster Nähe. So zum Beispiel die Bregenzerwälder Käsestraße oder die imposante Seebühne, auf der Sommer für Sommer die weltberühmten Bregenzer Festspiele tausende Besucher begeistern.

Sport wird im gesamten Oberallgäu großgeschrieben, aber rund um Oberstaufen ist die Fülle der Möglichkeiten beachtlich. Im Winter wartet die Region mit besten Skipisten für jegliche Ansprüche sowie mit kilometerlangen Langlaufloipen auf. Und auch im Sommer ist nahezu alles möglich: vom Sommerrodelspaß am „Hündle" über Mountainbiken oder Tennisspielen bis hin zu Ausritten, Kutschenfahrten und spritzigem Badevergnügen im Freizeitbad „Aquaria". Letzteres beeindruckt vor allem mit seiner Saunalandschaft. Die großzügig verglasten Saunahütten mit direktem Hochgratblick und traumhafter Aussicht sind eine echte Attraktion und begeistern nicht nur die Gäste, sondern sind auch unter den Einheimischen sehr beliebt. Heiße Solebecken spenden wohltuende Entspannung und das großes Erlebnisbad mit Geysiren, Unterwassermusik, Wasserfall und Hundertmeter-Rutsche ist für die ganze Familie ein echtes Erlebnis.

Wer sportlicher Einzelkämpfer ist und gerne ganz für sich allein seiner Leidenschaft nachgeht, dem bieten sich kilometerlange Wander- oder Laufwege. Besonders berauschend ist der lockere Lauf durch die Oberallgäuer Bergwelt in den frühen Morgenstunden. Wer mit den ersten Sonnenstrahlen lostrabt und dabei miterlebt, wie die Natur ringsum langsam erwacht, wird ein ganz neues Gesicht des Oberallgäus kennen- und lieben lernen. Denn gerade um diese frühe Zeit, wenn die Luft noch frisch und klar ist, wenn Tautröpfchen, in denen sich glitzernd die Morgensonne bricht, auf Blättern und Blüten sitzen, und es intensiv nach würzigen Kräutern und Allgäuer Wiesenblumen riecht, ist das Oberallgäu einzigartig.

Die Oberallgäuer Bergwelt zieht zu jeder Tageszeit seine Besucher in ihren Bann. Egal, ob beim Nordic-Walking, Joggen, Wandern, Bergsteigen oder beim Spazierengehen, wer die Gipfel auf Schusters Rappen erobert, wird Wunderbares erleben. Je höher man sich dabei nach oben wagt, desto imposanter wird der Blick, der sich einem bietet. Und das sommers wie winters, denn besonders auch in den schneereichen Monaten können Sportler eine faszinierende Zeit erleben. Neben Skispaß auf Pisten und Loipen, sowohl für Genussfahrer als auch für absolute Könner, ist die Schneeschuhwanderung eine romantische Alternative und je nach Route eine sportliche Herausforderung. Solche Touren unter erfahrener Leitung führen Natur- und Sportbegeisterte in entlegene Ecken absolut unberührter Winterwelt und verzaubern auf ganz besondere Art und Weise.
Auch ausgefallene sportliche Abenteuer braucht man im Oberallgäu nicht lange zu suchen: Klettern, Gleitschirm- oder Drachenfliegen, Wildwasserfahrten, Alpenrundflüge oder Segeltouren – für jeden ist der richtige Freizeitspaß dabei. Sogar eine eigene Fußballschule ist in Oberstaufen beheimatet und fordert und fördert unter der Leitung von keinem Geringeren als Fußballweltmeister Karl-Heinz Riedle den fußballerischen Nachwuchs.

Oberstaufen

Besonderer Höhepunkt direkt neben Oberstaufen in Buflings ist das einmalig schön gelegene Golfzentrum Allgäu: Der 18-Loch-Golfplatz liegt direkt am Kur- und Sporthotel Engel und erstreckt sich durch das malerische Schwarzenbachtal bis nach Kalzhofen. Wer hier seiner Leidenschaft nachgeht, genießt neben anspruchsvollem Sport einen der schönsten Ausblicke auf Oberstaufen. Der Platz ist optimal in die landschaftlichen Gegebenheiten integriert und bietet auch geübten Spielern eine sportliche Herausforderung. Daneben stehen Golfbegeisterten auch ein 6-Loch-Kurzplatz und großzügige Übungseinrichtungen wie Driving Range, Übungsbunker und Putting-, Chipping- und Pitching-Green zur Auswahl. Einzelstunden oder Gruppenkurse ermöglichen Anfängern den Einstieg in den Golfsport und unterstützen geübte Spieler dabei, sich weiterzuentwickeln. Das Golfzentrum Oberstaufen liegt auf einer herrlichen Sonnenterrasse und begeistert bei jedem Abschlag mit einem neuen umwerfenden Panorama.

Golfzentrum Allgäu in Buflings

„Heimkommen, das ist es, was unsere Gäste sollen, denn im Allgäu bedeutet dieses ‚Heimkommen' noch etwas."

Eberhard Müller, Gastgeber

Lindner
Parkhotel & Spa

Das Lindner Parkhotel & Spa hat etwas Märchenhaftes, vor allem vom Staufenpark aus betrachtet: Im aufsteigenden Wasserspiel des wunderschön angelegten Teichs malt das Sonnenlicht einen Regenbogen. Die unzähligen kleinen Tröpfchen in der Luft schimmern in den vielfältigsten Spektralfarben und wirken wie ein zarter Farbschleier, der das prächtige Hotel dahinter einhüllt und fast etwas unwirklich erscheinen lässt. Ringsherum ein Meer von Grün. Wiesen, Weiden, Wälder und hier und da ein Spazierweg, der sich direkt vom Hotel aus mitten in die schönste Oberallgäuer Bergwelt schlängelt, um sich irgendwo zwischen den hohen Tannen dem Auge des Betrachters zu entziehen. Ich schließe die Augen und lausche dem Wasserspiel und den hellen Glockenklängen der Allgäuer Milchkühe, die ringsum auf den Bergwiesen grasen. Ein perfekter Moment.

Hier, von der Parkseite aus gesehen, zieht mich vor allem der neue Spa-Bereich des Lindner Parkhotels in seinen Bann. Am wunderschön gestalteten Außenschwimmbad vorbei gelange ich durch die elegante Saunalandschaft in den „Bergwiesen-Spa". Die extravagante Verschmelzung von rustikalem Holz auf der einen und edlem Marmor auf der anderen Seite lässt Almhüttenflair aufkommen, ohne jedoch höchsten Komfort zu vernachlässigen.

Sauerbraten von Ochsenbacken

Das Rezept zur Spezialität des Hauses finden Sie auf Seite 136

Lasagne von Saibling und Zander auf Fenchel mit Wildkräuterspaghetti

Das Rezept zur Spezialität des Hauses finden Sie auf Seite 136

Es scheint wie im Traum! Besonders die Private-Spa-Bereiche schlagen alles bisher Gesehene. Der Blick auf die eigene Blockhaussauna im Freien macht es leicht, alles um sich herum zu vergessen und sich ganz dem Bergwiesen-Zauber hinzugeben. Gute Geister bereiten das Rosenbad im Whirlpool, zelebrieren ein Heupeeling, eine Bergblütenpackung oder eine Massage mit Kräuterstempeln und servieren leichte Köstlichkeiten aus der Parkhotelküche. In eben dieser wirkt seit über 20 Jahren Küchenchef Jürgen Wagenblast. Der leidenschaftliche Koch hat höchste Ansprüche an sich selbst und sein Team und hat eine Kunst daraus gemacht, Allgäuer Gerichte auf internationalem Niveau zu zaubern. „Er versteht seine Kunst und er kocht mit schwäbischer Leidenschaft", sagt Gastgeber Eberhard Müller und fügt hinzu: „ich empfinde seinen Küchenton als Musik in meinen Ohren, er ist ein Vollblutgastronom".

Schon in dem kurzen Gespräch über die Parkhotelküche wird klar, Gastgeber Eberhard Müller hat seine eigene Philosophie: Der Mann mit den leuchtenden Augen, in denen sich immer ein Lachen spiegelt, liebt seine Arbeit und ist weniger Chef als viel mehr Teil des Ganzen. Anders ausgedrückt: der gebürtige Allgäuer ist das Familienoberhaupt im Parkhotel. Immer auf das Wohlergehen von Gästen und Mitarbeitern bedacht, sorgt er mit viel Liebe, Leidenschaft und vor allem Humor für dieses besondere Familiengefühl. Es ist eine Freude ihm zuzuhören, wenn er über seine Arbeit, sein Team, die Gäste oder sein Allgäu spricht, ja fast philosophiert: „Heimkommen, das ist es, was unsere Gäste sollen, denn im Allgäu bedeutet dieses ‚Heimkommen' noch etwas anderes: das hat mit Werten zu tun, die es hier noch gibt, mit dem Wort, das hier noch etwas zählt und ein bisschen auch mit der guten alten Schule." Für Eberhard Müller ist das Allgäu auch Quelle der Inspiration: „Wenn i neue Ideen brauch', geh i auf

die Siggener Höhe", schwärmt er, „da hob i mein Hochgrat im Blick und trotzdem einen gewissen Abstand, und do kommen mir die besten Gedanken!" Kaum gesagt, steht Eberhard Müller schon wieder auf, um Gäste willkommen zu heißen, eine Begrüßung wie bei alten Freunden. Und das ist es, was das Lindner Parkhotel & Spa so besonders macht: ein Tophotel für höchste Ansprüche mit einer ganz heimeligen und familiären Atmosphäre. Dazu kommen unglaublich sympathische Mitarbeiter, denen man die Freude an ihrer Arbeit anmerkt und die einem oft schon Wünsche erfüllen, bevor man sie überhaupt ausspricht.

Umgeben von hellem Holz und herrlichen Gemälden im Alpenländischen Stil genieße ich am fürstlich eingedeckten Tisch in einer der Stuben ein fantastisches Abendessen: „Marinierte Cocktailgarnelen", „Medaillon vom Rinderfilet unter der Wildkräuterkruste" und „Weiße Kaffeemousse im Baumkuchenmantel". Vorneweg gönne ich mir auf besondere Empfehlung einen eiskalten Prosecco mit einem Hauch Rosenduft. Ein Gedicht.

Lindner Parkhotel & Spa Oberstaufen
Argenstraße 1
87534 Oberstaufen
☎ 0 83 86 / 7 03-0
www.lindner.de

Altstaufner Einkehr

„Die Altstaufner Einkehr erleben, bedeutet gut essen und neue Freunde kennenlernen."

Michael Schmid, Gastgeber

Lammcarré in Kräuterkruste mit Couscous-Plätzchen

Das Rezept zur Spezialität des Hauses finden Sie auf Seite 137

Michael Schmid hat schon fast überall auf der Welt gearbeitet: In China, Abu Dhabi, Malaysia, auf den Bermudas oder auf Sylt, um nur einige der vielen Stationen zu nennen. Seit sieben Jahren ist der gelernte Koch und gebürtige Oberallgäuer nun wieder in der Heimat und betreibt zusammen mit seiner Frau Niama die legendäre Altstaufner Einkehr mitten in Oberstaufen. Etwa 350 Jahre alt ist das denkmalgeschützte, alte Bauernhaus. Die Gasträume, ehemalige Wohnstuben, sind noch fast unberührt und nahezu im Originalzustand. Ein Haus mit Geschichte, die die Gäste dank der vielen Schwarz-Weiß-Fotografien von anno dazumal ein Stück weit miterleben können. Vater Leo Schmid empfängt traditionell die Besucher an der Tür und bringt sie zu den großen, schweren Holztischen rings um den uralten Kachelofen. Kaum ein Abend, an dem die Altstaufner Einkehr nicht bis auf den letzten Platz voll wäre. Und so rücken alle oft ein wenig enger zusammen und genießen die gemütliche Geselligkeit in nostalgischem Rahmen sowie die fantastischen Speisen. Ganz im Gegensatz zu den uralten Stuben zeigt sich die hochmoderne Küche in glänzendem Edelstahl auf dem allerneuesten Stand der Technik. Hier ist das Reich von Michael Schmid, und hier zaubert er kulinarische Genüsse vom traditionellen Hirschgulasch nach einem Rezept von Oma Ecker bis hin zu exotisch-scharfen Nudeln mit Riesengarnelen mit asiatischem Anklang. Der klassische Zwiebelrostbraten, die Tafelspitzsulz mit Bratkartoffeln oder der Obatzda finden sich als ganz bodenständige Vertreter der Allgäuer Küche genauso in der Speisekarte der Altstaufner Einkehr wie beispielsweise eine geeiste Suppe von Gurken und Tomaten, Kalbskutteln in Chillisoße oder ein Erdbeerkuchen im Glas.

Ein Abend in der Altstaufner Einkehr ist ein Erlebnis, kulinarisch und gesellschaftlich: denn nicht selten sitzen sich die Gäste an den großen Tischen erst als Fremde gegenüber, um nach einem unvergesslichen Abend als Freunde zu gehen. Darauf einen Honig-Williams, den Hausschnaps der Altstaufner Einkehr. Prost!

Altstaufner Einkehr
Bahnhofstraße 4
87534 Oberstaufen
☎ 0 83 86 / 71 93
www.altstaufnereinkehr.de

Altstaufner Einkehr
Altstaufner Einkehr
UNSERE HEIMAT -
UNSER MECKATZER
UNSERE HEIMAT -
UNSER MECKATZER

Das
Blaue Haus
Öffnungszeiten

„Das Blaue Haus ist das Wohnzimmer meiner Träume, in das ich sofort einziehen würde."

aus dem Gästebuch

Das Blaue Haus ist für mich einer der ganz besonderen Orte im Oberallgäu. Egal ob mit einem Kopf voller Ideen, auf der Suche nach Erholung oder einfach nur, weil ich Lust habe auf ein himmlisches Stück Kuchen, im Blauen Haus finde ich genau das, wonach ich suche. Jeder wird dort irgendwie immer genau da abgeholt, wo er gerade steht und er bekommt genau das, was ihm in diesem Moment fehlt. Das kann ein roter Faden sein, eine herbeigesehnte Ruhe, eine zündende Idee, ein Hauch Sentimentalität, ein nostalgischer Moment, ein passender Satz oder eine fantastische, kulinarische Leckerei. Wer schon einmal da war, weiß, was ich meine, und wer zum ersten Mal das Blaue Haus besucht, sollte in jedem Fall Zeit mitbringen. Denn auch nach unzähligen Besuchen entdecke ich immer wieder Neues, das mich in Staunen versetzt. Oft genug habe ich den Blick von Neulingen im Blauen Haus beobachtet, der dem von Kindern vor einem prächtig geschmückten und hell beleuchteten Weihnachtsbaum gleichkommt. Überhaupt, das Blaue Haus berührt die kindliche Seele seiner Besucher – Erinnerungen werden wach und schöne Momente dringen ins Bewusstsein. Vom Wohnzimmer ihrer Träume, in das sie sofort einziehen würden, schreiben begeisterte Besucher ins Gästebuch, und von einem Ort, an dem man auch alleine niemals einsam ist. Viele der liebevoll gestalteten Einträge sind fast poetisch, manche sogar echte Liebeserklärungen an dieses besondere Haus im Herzen Oberstaufens. Der Blick in den verspielten Garten rund um das Blaue Haus erinnert an Bilder heiterer Gartenfeste der frühen 1920er Jahre. Rosen ranken sich in allen erdenklichen Farben und verströmen einen betörenden Duft. Das zauberhafte Gartenhaus mit Laubencharakter bietet ein romantisches Plätzchen für verliebte Turteleien. In diesem malerischen Garten, im Schatten alter Bäume und mit seinen vielen Winkeln und Inseln kann sich jeder Gast zurückziehen und seine kleine Oase für schöne Gespräche, und stille Momente finden. So bezaubernd der Garten, das Innere des Hauses begeistert nicht minder: Wenn Möbel Geschichten erzäh-

Sauerkirsch-Marzipan-Kuchen

Das Rezept zur Spezialität des Hauses finden Sie auf Seite 140

Käse-Hackfleisch-Suppe mit Lauch

Das Rezept zur Spezialität des Hauses finden Sie auf Seite 137

len könnten – jeder einzelne Stuhl und jeder einzelne Tisch in jeder der Stuben, Ecken und Zimmerchen dieser Villa Kunterbunt im skandinavischen Stil hätte viel zu sagen. Ein Hauch von Zimt liegt in der Luft. Es ist eine dieser köstlichen Heißen Schokoladen, die es hier auch mit Ingwer-, marokkanischer Orange- oder Pfeffernote gibt, und die vor meinen Augen über die alten, knarrenden Dielenböden treppauf getragen wird. Auf einem anderen Tablett dampft eine rote Paprikasuppe, und an einem der abgelaugten, alten Holztische genießen Gäste deftige Krautkrapfen. Mich ziehen besonders die süßen Naschereien in ihren Bann: Heute stehen Sauerkirsch-Marzipan-Kuchen, Eierlikörsahne auf Nusskuchen

und italienische Espressoschnitten auf dem Programm. Die Leckereien im Blauen Haus wechseln täglich. Küchenchefin Helga Scharinger und ihr Team lassen sich dabei immer wieder Neues einfallen und begeistern ihre Gäste mit kreativen, kleinen Gerichten und köstlichen Kuchen. Bei den Getränken wird von Holundersaft bis Champagner alles geboten. Auf diese Weise verwöhnt und gestärkt, steht nach einem genüsslichen Mahl die „Hausbesichtigung" an – eine kleine, feine Reise durch unterschiedlichste Zeiten, Welten und Stilrichtungen. Fast puppenstubengleich gestalten sich die verschiedenen Räume mit den liebevollst gefüllten Regalen, Tischen, Vitrinen und Schränkchen. Zauberhafte Dekorationen, verspielte Geschenkideen, täuschend echte Kunstblumengebinde sowie einzigartige Vertreter ästhetischer Tischkultur im Toskana-, Landhaus- oder Schwedenstil reihen sich aneinander, heben sich gegenseitig hervor oder fließen, perfekt farblich aufeinander abgestimmt, ineinander über. Im oberen Stockwerk scheint es, als könnte man Meersalz schmecken. Vermeintlich angeschwemmtes Strandgut und das detailverliebte Arrangement eines Nordseestrandtags tun ihr Übriges dazu, den zuerst gewonnenen Eindruck zu vervollständigen, und wenn man jetzt noch die Augen schließt, so meint man, beinahe das Meer rauschen zu hören.

Blaues Haus
Freibadweg 2
87534 Oberstaufen
☎ 0 83 86 / 44 76
www.blaueshaus-oberstaufen.de

Staufner Käs-Kuche

„Man kann noch so oft in der Käs-Kuche gewesen sein, es gibt immer wieder Neues zu entdecken."

Tosca Maria Kühn, Autorin

Käsesalat

Das Rezept zur Spezialität des Hauses finden Sie auf Seite 139

Die Staufner Käs-Kuche blickt auf eine über hundertjährige Käsehausgeschichte zurück und ist dank der Liebe und Leidenschaft von Andrea Stickel und Rolf Willi Weber ganz neu eingekleidet worden: Das Ergebnis ist bezaubernd. Der Eckladen im Herzen Oberstaufens steht für Allgäuer Spezialitäten, Mediterrane Köstlichkeiten, Feinkost aus aller Herren Länder und natürlich für Käse. Es ist wunderbar zu sehen, mit welcher Hingabe und Sorgfalt die Bäckermeisterin vom Bodensee und der Textiltechniker aus Wuppertal – beide hat schon immer die Liebe zum Allgäu verbunden – diesem Oberstaufner Traditionshaus ihre ganz eigene Handschrift geben. Die besondere Mischung macht das Haus so einzigartig. Neben über 30 Senfsorten beispielsweise vom pfeffrigen Orangensenf über Ingwer-, Weihnachts- oder Himbeersenf bis hin zu karibischem oder schottischem Senf steht eine einmalige Zusammenstellung von heimischem Käse zur Auswahl: Bergkäse mit fünf verschiedenen Reifegraden, Schafskäse, Ziegenkäse, Hart- und Weichkäse und natürlich auch internationale Käsespezialitäten. Und gerade, was den Käse betrifft, gibt es zwei Dinge, die den Einkauf in der Käs-Kuche zu einem besonderen Erlebnis werden lassen. Zum einen darf nach Herzenslust probiert werden, und zum anderen steht den Gästen mit Rita Benedikt ein Urgestein der Käs-Kuche beratend zur Seite. Seit 50 Jahren, nämlich seit ihrer Ausbildung, ist die Staufner Käs-Kuche ihr Leben. Und auch Kollege Günter Schäfer blickt bereits auf über 20 Jahre in dem Traditionsbetrieb zurück. Man kann noch so oft in der Käs-Kuche gewesen

sein, es gibt immer Neues zu entdeckten. Nicht zuletzt deshalb, weil Andrea Stickel und Rolf Willi Weber immer wieder am Ausprobieren sind. Und so findet sich auch mal Allgäuer Keramik oder hawaiianisches Salz im Sortiment. Typische Allgäuer Spezialitäten wie Liköre, Brände, Presssack im Glas oder Marmeladen stammen von sorgfältig ausgewählten Erzeugern aus der Region und können auch ganz individuell zusammengestellt in zauberhaften Geschenkkörben mitgenommen werden. Bei den hausgemachten Backwaren steht Dinkel im Mittelpunkt und so gibt es neben diversen Allgäuer Brotsorten beispielsweise auch einen Dinkel-Mandel-Kirschkuchen oder Dinkelcantuccini. Auch bietet die Käs-Kuche alles, was zur perfekten italienischen Vorspeise gehört. Und wer bei so viel Leckerem Appetit bekommt, kann sich mit der Spezialität des Hauses, einem Antipastiteller mit sonnengetrockneten Tomaten, taggiaschen Oliven, mediterranen Brotaufstrichen, saisonal auch frischem Büffelmozzarella aus Campagnien, Olivenöl aus Ligurien und zahlreichen anderen Köstlichkeiten verwöhnen lassen. Zum Abschluss einen von den Gästen hoch gelobten Cappuccino oder Espresso und der Bummel durch Oberstaufen hat einen Höhepunkt mehr.

Staufner Käs-Kuche
Käse & Mediterrane Spezialitäten aus dem Traditionshaus
Bahnhofstraße 6
87534 Oberstaufen
☎ 0 83 86 / 72 09
01 70 / 2 97 90 21
www.staufner-kaeskuche.de

KÄSE
SCHUH MANN
BRUNO MA
Täglich
Obazda
Käsesalat
Bärlauch-
Frischkäse

Golfzentrum Allgäu in Buflings

Kur- und Sporthotel Engel

„Es ist ein Genuss, Küchenchef Dietmar Rackette bei seinem Tun zuzusehen!“

Tosca Maria Kühn, Autorin

Rehrücken im Kräuterflädle auf Rahmpfifferlingen

Das Rezept zur Spezialität des Hauses finden Sie auf Seite 138

Schon der erste Blick auf das 4-Sterne-Superior-Kur- und Sporthotel Engel lässt erahnen, welche erholsame Zeit den Besuchern bevorsteht: Liebevoll angelegte Wasserspiele umrahmt von Pflanzen und Steinen nehmen Ankömmlinge in Empfang. Das Wasser spielt seine eigene Melodie, verdrängt die Alltagsgeräusche und begleitet die Gäste bei ihrem Besuch im Hotel Engel. Familie Schädler, schon in der fünften Generation Gastgeber im Engel, begrüßt mich aufs Herzlichste. Ich erfahre Engel-Geschichten: von den Zeiten, als das 4-Sterne-Superior-Hotel noch ein einfacher Landgasthof war, von Gästen, die hier bereits ihre 40. Schrothkur machen oder sich vor Jahren hier kennengelernt haben und nun immer zur selben Zeit wieder aufeinandertreffen, und vor allem vom malerisch gelegenen 18-Loch-Golfplatz, der vor wenigen Jahren direkt am Hotel entstanden ist. Hier können die sportbegeisterten Gäste kostenlos ihrer Golfleidenschaft nachgehen. Der erste Abschlag ist nur wenige Meter vom Hotel entfernt, und das Panorama, das sich den Spielern bietet, ist einzigartig. Überhaupt wird Sport ganz groß geschrieben im Engel: Tennisplatz, Schwimmbad, ein ganzjährig beheizter neuer Außenpool, drei Saunen, Kegelbahn, alles ist direkt am oder im Haus. Und ein staatlich geprüfter Sportlehrer kümmert sich beim Aquajogging, Wandern, Nordic Walking, Mountainbiken oder Qi Gong fachmännisch und engagiert um das Wohl der Gäste. Ein weiterer wichtiger Mann im Hotel Engel ist Küchenchef Dietmar Rackette: Weithin bekannt für seine herzhafte Allgäuer Küche, in die er Elemente der gehobenen Küche gekonnt einfließen lässt, zaubert er tagtäglich das kulinarische Verwöhnprogramm für die Engel-Gäste. Es ist ein Genuss, ihm bei seinem Tun am Buffet oder am Grillabend zuzusehen. Auf Wunsch kocht er auch nach der Metabolic-Methode und stimmt die Gerichte individuell auf die Gäste und ihre Bedürfnisse ab. Wer sich auf diese Weise verwöhnen lässt, braucht eigentlich nur noch etwas für die Seele, um sich im Engel endgültig himmlisch zu fühlen. Und das findet sich im Wellnesstempel: Hier kann man sich bei einer Hot-Stone-Massage, einer Rosenölpackung oder einem Meersalzpeeling ganz auf sich selbst besinnen. Und nach dem Schwitzen im Allgäuer Kraxenofen ist eine der verschiedenen Erlebnisduschen, beispielsweise mit Minzeduft oder bei Alphornklängen, der krönende Abschluss für eine perfekte Erholung. Kaum verwunderlich, dass viele Gäste oft schon bei der Abreise den nächsten Urlaub im Engel gebucht haben.

Kur- und Sporthotel Engel
87534 Oberstaufen-Buflings
☎ 0 83 86 / 70 90
www.kur-sporthotel-engel.de

Thalkirchdorfer Dorfhaus

„Im Thalkirchdorfer Dorfhaus findet das Dorfleben statt, da fühlen sich die Einheimischen und die Gäste daheim."

Imelda Erd, Gastgeberin

„Bei uns schmeckt das Drumherum mit", lacht Imelda Erd. Die fesche Allgäuerin ist Gastgeberin in den urgemütlichen Stuben vom Thalkirchdorfer Dorfhaus und hat schon die ganze Welt bereist. „Ich hab auf einem Kreuzfahrtschiff gearbeitet", sagt sie, „aber es gibt kein schöneres Fleckchen für mich als das Allgäu." Die Worte kommen von Herzen. Wir sitzen an einem der gemütlichen Eck-tische und Imelda Erd erzählt mit leidenschaftlicher Begeisterung und Freude von ihrer Arbeit im Dorfhaus, von der hauseigenen Zeitung „Dorfgespräch", von der Käseschule, in der die Gäste an einem Nachmittag lernen, selbst ihren eigenen Käse herzustellen, und natürlich von den vielen Käsespezialitäten, die das Dorfhaus für seine Besucher bereithält. Neben den Käse-Klassikern wie Käsfondue, Kässuppe, Kässpatzen und Käsknödel finde ich Außergewöhnliches wie das Bergkäseschnitzel mit Haselnusskruste und Feigensenfsoße, einen gratinierten Ziegenkäse oder auch einen Weichkäse in der Kürbiskernkruste in der Karte. Auch wem der Sinn nicht nach Käse steht, dem kann die Wahl schwer werden: Wildschweinbratwürste, Hirschgulasch oder Sülze vom Allgäuer Rind – wer will sich da entscheiden müssen? Naschkatzen werden mit hausgemachtem Käsekuchen, Nougatknödeln oder warmem Bockbierlikör auf Eis und Sahne verwöhnt und können mit der „Käsepraline" sogar ein Stück „süßes Dorfhaus" mit nach Hause nehmen. Letztere ist von Käsermeister Georg Gründl höchstpersönlich entwickelt worden und erfreut Genießer mit den Geschmacksrichtungen Trüffel, Chili und Ananas. In der Käseschule bringt er mit viel Wissen und Spaß Gästen, Fachkollegen, Journalisten und Familien mit Kindern das Käsen bei und zeigt auf beeindruckende Art und Weise, wie in nur wenigen Stunden aus drei Litern Milch pro Teilnehmer ein Käseleib zum Mitnehmen wird, Schnaps und Käsediplom inklusive. Die Käseschüler sind Manager, die Teamgeist erleben wollen, Bauern aus Korea, die etwas über Verarbeitung und Lagerung erfahren möchten, und fröhliche Damen beim Junggesellinnenabschied, bei denen die Gaudi im Mittel-

Käseknödel

Das Rezept zur Spezialität des Hauses finden Sie auf Seite 139

Lauwarmer Weichkäse in Kürbiskernkruste mit Tomaten-Oliven Pesto

Das Rezept zur Spezialität des Hauses finden Sie auf Seite 138

punkt steht. Kurzum, die Käseschule ist ein ganz besonderes Erlebnis mit hohem Unterhaltungswert.
Janique de Jonge kommt zu uns an den Tisch. Die sympathische junge Frau ist im nahe gelegenen Siebratsgfell aufgewachsen und trotz holländischer Wurzeln mit Herz und Seele Allgäuerin. Sie schmeißt den wunderschönen Laden, der das Dorfhaus neben den Gaststuben, der Käseschule und der Käserei komplett macht. Die Allgäu-Schmankerl im Laden fertigt sie selbst: vom Ansetzen der Spirituosen und Liköre bis hin zum Sammeln der Kräuter für Pesto oder Essigvariationen. Daneben bietet sie den Gästen natürlich ein großes Sortiment an Käse aus der eigenen Käserei an, und wer sich partout nicht entscheiden kann, greift einfach nach dem beliebtesten Geschenk im Dorfhaus: der Käse-Tüte, mit einer Auswahl verschiedener Allgäuer Käsesorten. „Der Laden war eigentlich der Grundgedanke des Ganzen", erklärt Janique de Jonge, „wir wollten eine Anlaufstelle in Thalkirchdorf schaffen, wo es für jeden etwas gibt." Und heute gibt es sogar noch einiges mehr. Das Thalkirchdorfer Dorfhaus ist ein in sich stimmiges Gesamtkunstwerk und in seiner Form sicherlich einzigartig. Und da die Dorfhäusler echte Macher sind und kreative Köpfe obendrein, kann man künftig das Dorfhausgeschehen auch regelrecht mitleben und sich beim Urlaub in einem der neu erbauten Luxus-Chalets im alpenländischen Design verwöhnen lassen. Herz, was willst Du mehr!

Thalkirchdorfer Dorfhaus GmbH
Kirchdorfer Straße 7
87534 Oberstaufen/Thalkirchdorf
☎ 0 83 25 / 95 80
www.thalkirchdorfer-dorfhaus.de

Landgasthof Rössle
Beim Kräuterwirt

„Axel Kulmus hat schon vor Jahren den richtigen Riecher gehabt und seine ausgezeichnete Küche mit Kräuterkreationen bereichert."

Tosca Maria Kühn, Autorin

Schokoladenkuchen mit Estragon-Wasabimousse und Rosmarin-Ananas-konfit

Das Rezept zur Spezialität des Hauses finden Sie auf Seite 140

Im Sommer säumt ein Meer aus Wildkräutern den Biergarten und es liegt ein Hauch von Lavendel in der Luft. Etwas unterhalb der Blütenpracht plätschert ein Springbrunnen inmitten der Seerosen im Teich. Warmer Sommerwind streicht über Blätter und Blüten von Kräutern und Blumen. Farbtupfer in hellem Gelb, Orange und zartem Rosa leuchten im Grün der Wildkräuter.

Ein sorgfältig angelegter Weg führt durch die Kulmus'sche Kräuterwelt und lädt zum Riechen, Fühlen, Schmecken, Staunen, Innehalten und Genießen ein.

Das Schnauben eines Pferdes holt mich aus meinen Gedanken. Ich stehe in der Tür vom Landgasthof Rössle mit Blick auf den Biergarten. Und von den Tieren, denen der Gasthof seinen Namen verdankt, stehen noch immer zwei gleich nebenan im Stall, um regelmäßig Gästen das Allgäu bei einer Kutschenfahrt zu zeigen.

Axel Kulmus begrüßt mich herzlich. Der weit über die Grenzen des Allgäus hinaus bekannte Koch und Kräuterexperte hat vor Jahren den richtigen Riecher gehabt und die schon immer ausgezeichnete Küche des historischen Gasthauses mit seinen Kräuterkreationen bereichert. Der „Kräuterwirt" zaubert zum Krustenbraten Wildkräuterknödel, zur Forelle gibt es Lavendel-Tomaten-Butter und das Schlüsselblumendressing verleiht dem Wildkräutersalat ein prächtiges Aroma. Neben der Rahmsuppe vom Allgäuer Bergwiesenheu oder einem Lammnüsschen im Wildkräutermantel

sorgen ungewöhnliche Desserts wie das Rosenblütenparfait oder eine Lavendel-Crème-brûlée für überraschend feine Geschmackserlebnisse. Daneben backt Axel Kulmus für seine Gäste Brot im Holzofen und kümmert sich um den hauseigenen Bienenstock und seine fleißigen Bewohner.

Schwester Susanne, im feschen Dirndl, kommt dazu und erzählt von staunenden Gästen, die oft erst zögerlich, schließlich jedoch mit Begeisterung Kräuter und vor allem Blüten in den Speisen probieren. Auch die Frage, ob denn wirklich alles essbar sei, was auf den Teller kommt, hat sie schon oft mit einem herzlichen „Ja" beantwortet. So begeistert wie Bruder und Schwester vom Leben und Arbeiten im Rössle erzählen, so leidenschaftlich ist auch der Rest der Familie engagiert. Dabei hat jeder seine Aufgabe: vom Trocknen und Konservieren der Kräuter über das Umsorgen der Hausgäste bis hin zum Hegen und Pflegen des Kräutergartens. Die Familie hat den ehrwürdigen Gasthof mit viel Eigenleistung und Respekt hergerichtet und empfängt ihre Gäste herzlich in stilvollen und gemütlichen Stuben.

Landgasthof Rössle
Beim Kräuterwirt
Hauptstraße 14
88167 Stiefenhofen
☎ 0 83 83 / 9 20 90
www.roessle.net

Schnittlauch

Sauerbraten von Ochsenbacken

Lindner Parkhotel & Spa Oberstaufen, S. 115

Zutaten für 4 Personen

Braten *800 g Ochsenbacken*

Beize *¼ l Rotwein | 2 Lorbeerblätter | 4 Wacholderbeeren | 8 Pfefferkörner | Thymian- und Rosmarinzweige | 100 ml dunkler Balsamicoessig | Muskat, Salz, Pfeffer*

Soße *Butterschmalz | Röstgemüse (1 Zwiebel, 2 Karotten, ⅛ Sellerieknolle, ½ Stange Lauch) | 1 EL Tomatenmark | ¼ l Rotwein | ½ l Gemüsebrühe | Thymianspitzen | Pfeffer, frisch gemahlen*

Zubereitung

Die Beize ansetzen und das Fleisch darin 24 Stunden abgedeckt im Kühlschrank einlegen. Am nächsten Tag das Fleisch aus der Beize nehmen, abtupfen und in Butterschmalz von allen Seiten anbraten. Das Röstgemüse grob würfeln, dazugeben, kräftig braun anrösten und das Tomatenmark zufügen. Das Ganze insgesamt dreimal mit Rotwein ablöschen und reduzieren. Sobald ein schöner dunkler Glanz entstanden ist, mit dem Beizfond und der Gemüsebrühe auffüllen, abdecken und circa 2 1/2 Stunden bei kleiner Flamme köcheln lassen. Dann das weiche Fleisch herausnehmen, die Soße passieren und vorsichtig das Fett abschöpfen. Mit Thymianspitzen und Pfeffer abschmecken.
Die Ochsenbacken gegen die Faser in Scheiben scheiden und mit der Soße anrichten. Dazu Spätzle und saisonales Gemüse servieren.

Lasagne von Saibling und Zander auf Fenchel mit Wildkräuterspaghetti

Lindner Parkhotel & Spa Oberstaufen, S. 115

Zutaten für 4 Personen

Lasagne *400 g Saiblingsfilet | 600 g Zanderfilet | 60 g Krebsfleisch | 120 ml Sahne | Muskat, Salz, Pfeffer | Olivenöl*

Wildkräuterspaghetti *200 g Spaghetti | 100 ml Fischfond | 100 ml Sahne | 40 g Butter | ½ Bund Wildkräuter der Saison (z.B. Kerbel, Dill, Zitronenthymian) | Salz und Pfeffer*

Gemüse *2 Fenchelknollen | 50 g Schalotten | ¼ l Gemüsebrühe | 250 g Rucola | Salz und Pfeffer*

Zubereitung

Für die Lasagne aus 200 Gramm Zanderfilet, 120 Milliliter Sahne, Salz, Pfeffer und Muskat eine Farce herstellen. Saiblingsfilet würzen, auf ein Blech legen, mit etwas Farce bestreichen, Krebsfleisch und Zanderfilet auflegen und das Ganze noch mal wiederholen. Die Lasagne mit Olivenöl einpinseln und bei 80 °C circa 15 Minuten im Ofen garen.
Für die Wildkräuterspaghetti den Fischfond mit der Sahne aufkochen, reduzieren lassen und abschmecken. Butterflocken und Wildkräuter der Saison zufügen. Die Spaghetti al dente kochen und in der Sauce schwenken.
Für das Gemüse den Fenchel in Streifen schneiden, zusammen mit den gewürfelten Schalotten in Olivenöl anschwitzen, die Gemüsebrühe dazugeben und den Fenchel weich köcheln lassen. Den gewaschenen Rucola in mundgerechte Stücke schneiden und zum Schluss unterziehen. Mit Salz und Pfeffer abschmecken.

Lammcarré in Kräuterkruste mit Couscous-Plätzchen

Altstaufner Einkehr, S. 118

Zutaten für 4 Personen

Lammcarré *800 g Lammrücken mit Knochen | 3 EL Olivenöl zum Braten | 1 TL mittelscharfer Senf*
Kräuterkruste *20 große Basilikumblätter, geschnitten | Blätter von 3 Thymianzweigen | Blätter von 4 Majoranzweigen | 3 EL Petersilie, gehackt | 4 EL Parmesankäse, gerieben | 3 EL Weißbrot, gerieben | 2 TL Zitronensaft | Salz, Pfeffer*
Couscous-Plätzchen *150 g Couscous | 3 EL Sesamöl zum Braten | 300 ml Rinderbrühe | 1 Ei | 1 Eigelb | 2 EL Petersilie, gehackt | Salz, Pfeffer*
Gemüse *1 Aubergine | 1 Zucchino | 1 gelbe Paprika, gehäutet | 1 rote Paprika, gehäutet | Pfeffer, Salz*
Tomatenjus *200 ml Lamm- oder Kalbsjus | 3 Strauchtomaten | Blätter von 2 Rosmarinzweigen | 2 EL Butter | Zucker, Salz und Pfeffer*

Zubereitung

Das Lammcarré würzen und von allen Seiten mit Olivenöl scharf anbraten. Die obere Seite mit Senf bestreichen.
Für die Kräuterkruste alle Zutaten gut vermengen und großzügig auf dem Senf verteilen. Im Ofen bei 180 °C etwa 12 Minuten backen und danach an einem warmen Platz circa 4 Minuten ruhen lassen. Schließlich acht Stücke gleichmäßig tranchieren.
Couscous kurz in Sesamöl anbraten, Brühe zugeben und langsam weichdünsten. Ei, Eigelb sowie Petersilie untermischen und abschmecken. Die Masse zu Plätzchen formen und in Sesamöl knusprig braten.
Aubergine und Zucchino in acht etwa einen Zentimeter dicke Scheiben schneiden, kurz mit Olivenöl angrillen und würzen. Paprika ebenfalls kurz grillen und würzen.
Die fertige Jus auf die halbe Menge einkochen. Die Tomaten halbieren, entkernen und würfeln, Rosmarinblätter klein schneiden und zur Jus geben. Zum Schluss langsam die Butter unterrühren und abschmecken.

Käse-Hackfleisch-Suppe mit Lauch

Blaues Haus, S. 121

Zutaten für 4 Personen

3 Zwiebeln | 3 Lauchstangen | 2 EL Öl | 500 g gemischtes Hackfleisch | Salz und Pfeffer | 350 ml Weißwein | 750 g Sahneschmelzkäse | je 1 EL Thymian, Rosmarin und Basilikum

Zubereitung

Die Zwiebeln schälen und in Ringe schneiden. Den Lauch ebenfalls in Ringe schneiden und zusammen mit den Zwiebeln in Öl andünsten. Das Hackfleisch dazugeben und anbraten. Das Ganze mit Salz und Pfeffer würzen und etwa 10 Minuten bei geschlossenem Deckel dünsten.
Danach mit Weißwein ablöschen und mit 1 Liter Wasser aufgießen. Die Suppe 20 Minuten leicht köcheln lassen, dann mit dem Sahneschmelzkäse und den Kräutern verfeinern und zum Schluss abschmecken.

Rehrücken im Kräuterflädle auf Rahmpfifferlingen

Kur- und Sporthotel Engel, S. 128

Zutaten für 4 Personen

Rehrücken *600 g ausgelöster Rehrücken ohne Sehnen* | *300 g Rehfleisch (sehnenfreie Abschnitte)* | *150 ml Sahne* | *Rosmarin, Majoran* | *Muskat, Salz, Pfeffer*

Flädleteig *¼ ml Milch* | *100 g Mehl* | *3 Eier* | *Salz, Pfeffer und Muskat* | *frische Kräuter (bspw. Petersilie, Schnittlauch, Estragon, Kerbel)* | *Öl zum Anbraten*

Pfifferlingsoße *50 g Speck* | *1 mittelgroße Zwiebel* | *500 g frische Pfifferlinge* | *150 ml Sahne*

Zubereitung

Aus Milch, Mehl, den Eiern, etwas Salz, Pfeffer und Muskat sowie den frischen Kräutern den Flädleteig herstellen und mit etwas Öl in einer großen Pfanne anbraten und ausbacken.

Aus den gut gekühlten, gewolften Rehfleischabschnitten, der Sahne sowie Rosmarin, Majoran, Salz, Pfeffer und Muskat im Küchencutter eine feine Farce herstellen.

Das Rehrückenfilet mit Salz und Pfeffer würzen, in heißem Öl kurz scharf anbraten, aus der Pfanne nehmen und abkühlen lassen. Das Kräuterflädle mit der Wildfarce bestreichen, den Rehrücken darauflegen, mit der restlichen Farce bestreichen und einwickeln. Im vorgeheizten Backofen auf einem geölten Blech bei 160 bis 170 °C circa 30 Minuten garen.

Für die Soße Speck und Zwiebeln würfeln, glasig anschwitzen, die geputzten Pfifferlinge hinzufügen und kräftig anbraten. Mit Sahne ablöschen, kurz einkochen und mit Salz und Pfeffer abschmecken. Als Beilage empfehlen sich Preiselbeeren und Spätzle.

Lauwarmer Weichkäse in Kürbiskernkruste mit Tomaten-Oliven Pesto

Thalkirchdorfer Dorfhaus GmbH , S. 131

Zutaten für 4 Personen

Käse *100 g Weichkäse pro Person (Feta-Käse oder Mozarella)*

Panade *1 Ei* | *2 EL Mehl* | *100 g Kürbiskerne*

Pesto *100 g getrocknete eingelegte Tomaten* | *50 g schwarze Oliven* | *Chili, Knoblauch* | *Salz, Pfeffer* | *Kräuter nach Belieben*

Zubereitung

Weichkäse in gleich große Stücke schneiden. Für die Panade die Kürbiskerne im Mixer grob hacken, nicht zu fein, da die Panade sonst leicht verbrennt. Den Weichkäse mit dem verquirltem Ei, Mehl und den gehackten Kürbiskernen panieren. Für das Pesto Tomaten und Oliven pürieren und nach Belieben mit Chili und den übrigen Gewürzen abschmecken. Schließlich den panierten Weichkäse im heißen Fett von allen Seiten kurz anbraten und sofort mit Pesto lauwarm servieren. Dazu passt Blattsalat.

Käsesalat

Staufner Käs-Kuche
Käse & Mediterrane Spezialitäten aus dem Traditionshaus, S. 124

Zutaten für 4 Personen

150 g Allgäuer Bergkäse | 150 g Allgäuer Emmentaler | 2 Essiggurken | 3 EL Sahnemeerrettich | 2 EL mittelscharfer Senf | 3 EL Salatmayonnaise | 3 EL Sahne | 1 EL natives Olivenöl | 1 TL Gemüsebrühe

Zubereitung

Bergkäse und Emmentaler in feine Streifen schneiden, ebenso die Essiggurken. Die übrigen Zutaten zu einer Soße mischen und unter den Käse und die Essiggurken heben. Das Ganze gut durchziehen lassen.

Käseknödel

Thalkirchdorfer Dorfhaus GmbH , S. 131

Zutaten für 4 Personen

300 g Quark (40 %) | 300 g Käsemischung (Bergkäse, Emmentaler, Weisslacker) | 200 g Mehl | 2 Eier | Muskat, Salz, Pfeffer

Zubereitung

Alle Zutaten in eine Schüssel geben und zu einer festen Masse verrühren. Mit Salz, Pfeffer und Muskat abschmecken. Je nach Geschmack die Masse mit anderen Gewürzen oder beliebigen Kräutern der Saison verfeinern. Kleine, gleich große Knödel formen und in siedendem Wasser kochen, bis diese oben schwimmen. Die Käseknödel können nach Belieben mit geschmolzener Butter übergossen sowie mit Parmesanspänen belegt werden. Dazu passt Tomatenragout oder frischer Mangold.

Schokoladenkuchen mit Estragon-Wasabimousse und Rosmarin-Ananaskonfit

Landgasthof Rössle, S. 134

Zutaten für 4 Personen

Kuchen *6 Eier | 200 g Zucker | 230 g Butter | 250 g dunkle Schokolade | 50 g Mehl | 40 g Haselnüsse, gemahlen*

Estragon-Wasabimousse *3 Blatt Gelatine | 2 Eigelb | 35 g Puderzucker | 30 g Estragon, fein geschnitten | 3 TL Wasabipaste | 1 EL Honig | 350 ml Sahne*

Rosmarin-Ananaskonfit *50 g Zucker | 50 ml Orangensaft | 1 TL Grand Marnier | ½ Ananas | 15 g Rosmarin*

Zubereitung

Für den Kuchen die Eier trennen. Die Eigelbe mit 175 Gramm Zucker schaumig schlagen. Die Butter schmelzen und unterrühren. Die Schokolade ebenfalls schmelzen und unterrühren. Die Eiweiße mit 25 Gramm Zucker steif schlagen und unter die Masse heben, ebenso Mehl und Haselnüsse zufügen.
Den Teig circa 2 Zentimeter dick auf einem Blech verteilen und bei 170 °C etwa 30 Minuten backen.
Für die Estragon-Wasabimousse vorab die Gelatine einweichen.
Eigelbe und Puderzucker schaumig schlagen und die aufgelöste Gelatine dazugeben. Estragon, Wasabi und Honig unterrühren. Sahne schlagen und ebenso unterheben.
Den Schokokuchen in mehrere dünne Platten schneiden. Die Schokoplatten mit dem Wasabimousse bestreichen und zu einem Türmchen aufeinanderschichten.
Für das Rosmarin-Ananaskonfit Zucker karamellisieren lassen, mit Orangensaft und Grand Marnier ablöschen und etwas reduzieren. Die Ananas fein würfeln, zugeben und aufkochen. Langsam auskühlen lassen. Den Rosmarin fein schneiden und in das lauwarme Ananaskonfit geben. Den Schokoladenkuchen zusammen mit dem Ananaskonfit anrichten.

Sauerkirsch-Marzipan-Kuchen

Blaues Haus, S. 121

Zutaten für 4 Personen

250 g Butter | 250 g Zucker | 2 Päckchen Vanillezucker | Abrieb von 1 unbehandelten Zitrone | 4 Eier | 250 g Mehl | 75 g Mondamin | 1 EL Backpulver | 2 Gläser Schattenmorellen | 200 g Marzipanrohmasse

Zubereitung

Die Butter zusammen mit Zucker, Vanillezucker und Zitronenabrieb schaumig schlagen, dann nach und nach die Eier unterrühren. Mehl mit Mondamin und Backpulver vermischen und unter die Buttermasse rühren. Den Teig auf ein tiefes Backblech geben und gut verstreichen.
Die Schattenmorellen abtropfen lassen. Die Marzipanrohmasse in kleine Stücke schneiden. Kirschen und Marzipanwürfel gleichmäßig auf dem Teig verteilen und schließlich den Kuchen etwa 45 Minuten bei 180 °C (Umluft 160 °C) im Ofen backen.

Eistobel

Der Eistobel zwischen Oberstaufen und Isny

Schroffe Felswände, tosende Wasserfälle, rauschende Strudellöcher, riesige Gesteinsbrocken und aufstiebende Gischt. Je weiter der Weg in die Tiefe führt, desto eindrucksvoller wird die Szenerie. Fast scheint es, als trieben die unbändigen Kräfte der Natur hier unten ihr ganz eigenes Spiel. Wild, unerbittlich, atemlos und mitreißend. Schauplatz ist der Eistobel, eine märchenhafte Schlucht zwischen Oberstaufen und Isny. Entstanden während der letzten Eiszeit durch eine Abflussrinne des Schmelzwassersees bei Ebratshofen, hat sich die Schlucht im Lauf der Jahrtausende immer tiefer in Erde und Felsen gegraben. Heute ist der Eistobel ein einzigartiges geologisches Geschichtsbuch. Wer sich hierher begibt, erlebt eine erdgeschichtliche Reise von mehreren Millionen Jahren. Die schräg aufeinander geschichteten Gesteinslagen spiegeln den geologischen Zeitraum wider und der entspricht einem etwa 900 Meter tiefen Abstieg ins Erdinnere.

Daneben finden sich in dem etwas über drei Kilometer langen Naturschutzgebiet auch ganz besondere Tiere und Pflanzen. Die Wasseramsel etwa, der einzige europäische Singvogel, der schwimmen und tauchen kann, oder der Corvus Corax, der Kolkrabe. Mitte des vergangenen Jahrhunderts in weiten Teilen Mitteleuropas ausgestorben, zieht er heute hier, hoch oben über der Schlucht, seine Kreise. Im sauerstoffreichen, kalten Wasser der Oberen Argen, dem Fluss, der sich durch den Tobel zieht, sind Bachforellen zu Hause, und an den Ufern kann man prachtvolle Libellenarten bewundern. Hoch aufragende, mächtige und zum Teil uralte Eschen, Eiben, Ulmen und Buchen zieren die Wälder in der Schlucht. Daneben erinnern eigentümliche Moose, Farne und Schachtelhalme an Szenen aus märchenhaften Fantasy-Filmen.

Versteinerte Haifischzähne, die in einem Teil des Tobels gefunden wurden, sind stumme Zeugen der Vergangenheit und deuten auf Ablagerungen eines Millionen Jahre alten Meeres hin.

Das Durchwandern des Eistobels ist ein echtes Abenteuer: Plätschert das Wasser im einen Moment noch fast sanft an einem vorbei, stürzt es sich schon im nächsten Augenblick mit lautem Tosen in die Tiefe. Gewaltige, teils mehrere Meter tiefe Strudeltöpfe fließen gurgelnd ineinander über, ergießen ihr Wasser in Kaskaden über schroff abfallende Felsen, lassen es mit großer Wucht aufprallen und schließlich hinter einem aufstiebenden

Schleier aus winzigen Wassertropfen weiterfließen. Schon der Sommer im Eistobel ist einzigartig, doch der Winter treibt das wilde Schauspiel auf die Spitze. Märchenhafte Eis-Skulpturen blitzen zwischen den starren Gesteinsbrocken auf, hinter schweren Vorhängen aus scharfgezacktem Eis liegen Felsvorsprünge in tiefem Winterschlaf, und die Wasserfälle scheinen vor Kälte erstarrt zu sein. Eine bizarre Zauberwelt aus Schnee und Eis zieht sich durch die Schlucht. Und wenn die Wintersonne vom blauen Himmel strahlt, glitzert und funkelt es im Eistobel. Es scheint fast, als tanzten tausende kleiner Eiskristalle in der Tiefe.

„Wenn aus frischen, hochwertigen Rohstoffen ein perfektes Gericht entsteht, dann kann ich mich darüber unglaublich freuen.“

Susanne Rimmele, Gastgeberin

Hotel Hohe Linde

Carolin und Susanne Rimmele sind ein tolles Gespann. Aufgewachsen im Familienbetrieb Hohe Linde, den die Eltern Ursula und Karl-Heinz Rimmele 36 Jahre geführt haben, sind die Schwestern schon früh in ihre Gastgeberrolle gewachsen und haben schließlich 2009 das Traditionshotel übernommen. Seit vielen Jahren bekannt für die hervorragende Küche im Restaurant Allgäuer Stuben, hat das Hotel Hohe Linde mit den beiden engagierten jungen Damen nun zwei international ausgebildete Fachfrauen an seiner Spitze. Carolin Rimmele, die nach ihrer Ausbildung bereits als Veranstaltungsleiterin internationale Großereignisse wie die Fußballweltmeisterschaft oder die Bambiverleihung mitbetreut hat, zeichnet heute für Marketing, Planung und einen reibungslosen Ablauf im Restaurant verantwortlich. Und das mit unglaublicher Energie und leidenschaftlich-persönlichem Engagement! Wie einst ihre Oma Elfriede Rimmele ist auch Carolin mit ganzem Herzen Teil des Familienunternehmens. „Durch sie weiß ich, dass hier mein Platz ist“, sagt sie und erzählt, wie sich die alte Dame bis zuletzt mit Hingabe und Liebe um die Blumen und den Garten rund um die Hohe Linde gekümmert hat. Schwester Susanne Rimmele – im Übrigen die jüngere der beiden attraktiven Frauen – hat sich früh auf die Küche spezialisiert. Nach nicht minder hochkarätiger Ausbildung, der Auszeichnung zur

Schinkenravioli

Das Rezept zur Spezialität des Hauses finden Sie auf Seite 160

Seezungenröllchen

Das Rezept zur Spezialität des Hauses finden Sie auf Seite 160

„Landesbesten Köchin 2007 in Baden-Württemberg" und spannenden Jobs in Zermatt, Bad Wörishofen und Ascona, wo sie bereits als Chef de Partie in einem bekannten Gourmetrestaurant engagiert war, kehrte auch sie in den heimischen Familienbetrieb zurück. Beide wollen fortan zusammen das in die Zukunft führen, was vor 50 Jahren mit einer kleinen, einfachen Pension seinen Anfang genommen hat. Und während Carolin sich Abend für Abend herzlich und kompetent um das Wohl der Gäste kümmert, führt Susanne das Regiment in der Küche. Geprägt durch ihre Zeit in der italienischen Schweiz haben eine Vielzahl verschiedener hausgemachter Nudelgerichte auf der Speisekarte Einzug gehalten. Überhaupt macht die junge Küchenchefin alles, was möglich ist, selbst: von Spätzle über Brühen bis hin zu Soßen und Brot. Susanne Rimmele ist eine absolute Perfektionistin und dabei voller Leidenschaft für ihren Beruf. „Wenn aus frischen, hochwertigen Rohstoffen ein perfektes Gericht entsteht und ich dieses dann harmonisch angerichtet meinen Gästen servieren darf, dann kann ich mich darüber unglaublich freuen", sagt sie und lacht. Und dieses ansteckende Lachen lieben auch ihre Schüler so sehr an ihr. Denn der jüngste Coup der Rimmele-Schwestern ist die „Kochschule Susanne Rimmele". Hier erleben wissbegierige Hobbyköche oder solche, die es

werden wollen, unter dem Motto „Kochen macht Spaß" spannende Stunden in Susanne Rimmeles Reich. Mit viel Humor, Können und Geschick lässt sie sich dabei von den Teilnehmern nicht nur auf die Finger, sondern auch in Töpfe und Schränke schauen. Vor allem aber ist Mitkochen angesagt. „In den Kursen arbeiten die Menschen, die sonst im Leben wahrscheinlich kaum Berührungspunkte hätten, miteinander Hand in Hand", sagt die erfolgreiche Köchin und fügt schmunzelnd hinzu: „Kochen vereint, und vor dem Herd sind alle gleich." Nach den Kochkursen wird gemeinsam das eben Erlernte in Form von schwäbischen Köstlichkeiten, Grillspezialitäten oder selbst gemachter Pasta genüsslich verspeist und angeregt diskutiert. Ein besonderes kulinarisches Highlight in den Allgäuer Stuben ist das freitägliche Candle-Light-Dinner, bei dem die Rimmele-Schwestern ihre Gäste mit romantischer Dekoration und einem mehrgängigen Feinschmeckermenü begeistern. Mittwochs und samstags, bei den Kaminabenden, zaubert das Knistern im offenen Kamin eine besondere Atmosphäre, und die Gäste erleben hautnah, wie die fesche Küchenchefin vor ihren Augen mitten im Restaurant am offenen Feuer Forelle in Folie, zart gebratene Lammkoteletts oder knusprige Barberie-Entenbrüstchen zubereitet. Ein absoluter Hochgenuss!

Hotel Hohe Linde
Lindauer Straße 75
88316 Isny
☎ 0 75 62 / 9 75 97
www.hotel-hohe-linde.de

Kleinwalsertal

Der Hohe Ifen

Tirol und Vorarlberg inmitten der Allgäuer Alpen

Kurz vor Oberstdorf geht der Weg rechts ab und führt recht schnell und recht deutlich bergan. Obwohl ich mich inmitten der Allgäuer Alpen befinde, sind es nur noch wenige Meter und ich betrete österreichischen Boden. Mein Ziel, das Kleinwalsertal, gehört zu Vorarlberg. Über die unwegsamen Pfade waren einst lediglich die ersten Siedler aus dem Schweizer Kanton Wallis gekommen. Die Walser hatten dem herrlichen Hochtal damals nicht nur ihren Namen, sondern auch ein Gesicht gegeben. Jahrhundertelang als Bauern und Säumer tätig, prägten die Walser das Breitachtal. So sind Alpen und kleine Sennereien in der ganzen Region auch heute noch zu finden, denn die Walser haben die Bewirtschaftung der steilen und unwegsamen Berghänge zur Kunst gemacht. Heute leben die Menschen neben der Landwirtschaft vor allem von Urlaubern und Gästen, die staunend und begeistert die imposanten Felsriesen rings um das Tal bewundern und bewandern. Einer der markantesten Berge ist der Hohe Ifen. Mit dem mächtigen Gottesackerplateau prägt er das Bild des Tals wie kaum ein anderer. Aber auch der Große Widderstein mit dem höchsten Gipfel im Kleinwalsertal oder das Walmendinger Horn sind neben noch so manch anderem Felsmassiv imponierende Vertreter ihrer Art.

Ob auf höchsten Gipfeln, wildromantischen Pfaden oder in den tiefsten Tiefen der atemberaubenden Felsenschlucht Breitachklamm, das Kleinwalsertal ist ein einziges Abenteuer und zugleich Schauplatz seltenster Pflanzen und Tiere. Allein die unglaubliche Artenvielfalt schönster Schmetterlinge ist sagenhaft. Daneben zieren zauberhafte Pflanzen mit klangvollen Namen wie Wiesen-Flockenblume, Sonnenröschen, Herzblättrige Kugelblume, Hufeisenklee oder Katzenpfötchen die bunten Bergwiesen. Der Sommer im Kleinwalsertal duftet nach Heu, nach zarten Blüten und würzigen Kräutern. Und wie er sich anfühlt, spürt man am eindrucksvollsten bei einem schuhlosen Spaziergang auf einem der Barfußwanderwege.

Auch hat das Kleinwalsertal seinen ganz eigenen Geschmack. Wer den erleben will, geht am besten zum Stand der „Walser Bura" mitten in Riezlern. Ob Lammschinken, Rauchzipfel, Hirschwurzen, Bärlauchpaste, Gebirgsblütenhonig oder original Walser Bergkäse, was hier von den Bauern aus dem Kleinwalsertal angeboten wird, sieht zum Anbeißen aus und schmeckt fantastisch.

Freizeitaktivitäten im Tannheimer Tal

Von Oberjoch aus schlängelt sich der Weg Kurve für Kurve durch bergiges Grün. Und dann, direkt nach Schattwald, tut sich mit einem Mal das Tannheimer Tal auf: weit, hell und lieblich wirken die Wiesen und Weiler mit den kleinen verträumten Örtchen und den grasenden Kühen und Pferden. Ringsherum ragen schroffe, teils wild zerklüftete, teils fast übermächtig wirkende Felsen in den tiefblauen Sommerhimmel. Ein eindrucksvoller Gegensatz. Und doch scheint es irgendwie, als beschützten die Berge das beschauliche Tal. Spielerisch und leicht wirken die vielen bunten Farbfleckchen am wolkenlosen Himmel. Es sind zahllose Drachen- und Gleitschirmflieger, die für das frohe Farbenspiel über mir sorgen und die oft von weit her ins Tannheimer Tal kommen, um ihrer Leidenschaft nachzugehen. Aber auch wer auf dem Boden bleibt, kann Unvergessliches erleben. Das Tal ist nämlich nicht ohne Grund bereits mehrfach als beliebteste Wanderregion Österreichs ausgezeichnet worden. Von hier aus führen die schönsten, spannendsten und anspruchsvollsten Wanderungen durch die einzigartig schöne Bergwelt des Allgäus und zugleich Tirols. Jeder findet hier seine Tour: für Ungeübte bietet sich der Weg rund um den malerischen Vilsalpsee an, dessen Ufer seltene Pflanzen und Tiere wie Alpensalamander oder Erdkröten beheimaten. Das Naturschutzgebiet ringsum bietet außerdem

Lebensraum für Steinadler, Gämse oder Murmeltiere und in den hohen Wiesen leuchten Alpen-Kuhschellen und Berg-Löwenzahn.
Sportlich anspruchsvoller ist die herrliche Drei-Hütten-Tour von Krinnalpe über Nesselwängler Edenalpe bis zur Gräner Ödenalpe. Schon zu Beginn beeindruckt die Wanderung durch einen besonders schönen Blick auf die Tannheimer Gruppe mit Roter Flüh, Gimpel und Köllenspitze. Über Enzian-, Alpenrosen- und Meraner Steig geht es dann auf wunderschönen Wegen und Pfaden von Hütte zu Hütte und schließlich wieder zum Ausgangspunkt zurück.
Ein ganz besonderes Erlebnis, gerade auch für Familien, ist der Schmugglersteig vom Wannenjoch zum Iseler. Was einst tatsächlich ein beliebter Schmugglerpfad war, ist heute ein großes Abenteuer für Gäste und auch Einheimische: Von einem Schwärzer in Empfang genommen, haben Besucher die Wahl, ob sie Schmuggler oder Grenzwächter auf ihrem Weg sein möchten. Ausgestattet mit den jeweiligen Utensilien kann dann das Spiel nach altem Vorbild begonnen und zugleich ein besonderer Wanderweg erobert werden. Der Vater-Unser-Weg, ein weiterer Themenwanderweg in Grän, lädt zur Meditation ein. Die richtige Umgebung, um innezuhalten, zur Ruhe zu kommen und das einzigartige Panorama wirken zu lassen.

Blick von Jungholz auf den Sorgschrofen

Kurz nach Wertach geht eine schmale Straße links ab und führt in die zauberhaft gelegene Tiroler Enklave Jungholz. Das übrige Österreich und das idyllische Jungholz treffen sich am Sorgschrofen auf etwa sechzehnhundert Meter Höhe an exakt einem Punkt. Trotz weniger hundert Einwohner und nur rund sieben Quadratkilometern Fläche ist Jungholz ein echter Urlaubermagnet. Und es ist auch nicht schwer zu verstehen, warum: Neben einem vielseitigen und nicht überlaufenen Skigebiet, weitverzweigten Wanderwegen und einem unsagbaren Reichtum an Pflanzen, wie beispielsweise mehr als einem Dutzend verschiedener Enzian-Arten, kann Jungholz nämlich seit Kurzem auf ein besonderes Prädikat stolz sein: Erstes Tiroler Alpenkräuterdorf beziehungsweise Allgäuer Kräuterdorf. Nach eingehender fachkundiger Prüfung der Jungholzer Flora hat die Initiative Allgäuer Kräuterland 2008 diesen Titel verliehen. Heute empfängt ein Kräutertor, zu dessen Füßen Bergminze oder Waldrebe wachsen, die Besucher. Und neben der Kirche lädt ein großzügiger Kräutergarten in Form eines Kräuterrads zur genaueren Erkundung ein. Eine Kräuterpädagogin, genannt Mühlenlili, steht mit Rat und Tat sowie spannendem Hintergrundwissen Gästen und Einheimischen zur Seite und lädt auf den eigenen Kräuterlandhof zu Kräuterkochkursen und spannenden Vorträgen ein. Das Landhotel Alpenhof mitten in Jungholz, zugleich Kräuterwirt und Kräuterhotel, ist bekannt für seine kulinarischen Kräuterkreationen. Und auch die Kräutervermieter am Ort haben eine spezielle Ausbildung und begeistern ihre Gäste mit Kräutersäckchen auf den Zimmern, mit hausgebackenem Kräuterbrot oder Kräuterwanderungen. Wer also in Jungholz Urlaub gemacht hat, spaziert künftig mit ganz anderen Augen durch Wälder und Wiesen, zaubert zu Hause vielleicht seine eigene Kräuterseife oder Kräutersalbe oder hat ausgefallene Wildkräuterrezepte im Gepäck. Und wer eine der urigen Kräutermärchenstunden miterlebt hat, kann so einiges mehr über die grünen Kräutlein als bloß über deren Herkunft, Wirkung und Verwendung erzählen. Das Kräuterdorf im Herzen des Oberallgäus ist ein besonderer Ort und birgt spannende Abenteuer und einzigartige Erlebnisse inmitten herrlichster Natur. Und im Hintergrund die wildromantische Bergkulisse …

Das Kräuterdorf im Herzen des Oberallgäus

„Die Bienen haben mir beigebracht, auf was es ankommt: Ruhe. Seit wir die Bienen haben, erleben wir die Natur viel intensiver."

Jürgen Scharnagl, Gastgeber

Scharnagl's Alpenhof

Spricht man im Kleinwalsertal selbst oder irgendwo sonst im Oberallgäu von Jürgen Scharnagl, weiß jeder sofort, wer gemeint ist und wofür dieser Name steht: für exzellente und vor allem freche Küche auf allerhöchstem Niveau. Jürgen Scharnagl, der in den besten Häusern Deutschlands gelernt hat, ist vor über zehn Jahren zusammen mit seiner Frau Jutta und den Kindern Julia und Johannes ins Kleinwalsertal gekommen, um mit Scharnagl's Alpenhof ein kleines, kulinarisches Juwel entstehen zu lassen. Weithin bekannt für seine hervorragende Küche, die ihm schon so manche Auszeichnung beschert hat, und für seine legendären Koch- und Backkurse im wunderschönen Ambiente des Alpenhofs hat Jürgen Scharnagl in den vergangenen Jahren eine neue Leidenschaft gefunden: die Imkerei. Nach holprigen Anfangsversuchen ist es ihm inzwischen gelungen, zahlreiche Bienenvölker und sogar Bienenköniginnen zu züchten. Fast etwas Philosophisches haben die Geschichten, die Jürgen Scharnagl von den Bienen erzählt, und es ist eine Freude ihm dabei zuzuhören. „Die Bienen haben mir schnell beigebracht, auf was es wirklich ankommt: Ruhe!", sagt der Imker aus Leidenschaft, „Außerdem nimmt man die Jahreszeiten und die Gegebenheiten rings um einen herum viel mehr wahr. Seit wir die Bienen haben, erleben wir die Natur viel intensiver." Die Erhaltung der für das natürliche Gleichgewicht so bedeutenden Tiere liegt Jürgen Scharnagl besonders am Herzen. Aber er wäre nicht er selbst, wenn von Beginn seiner Bienen-Begeisterung an nicht auch der köstliche Honig Einzug in seine Küche gehalten hätte. Noch experimentiert der Spitzenkoch viel, aber Kombinationen von Fisch und Honig, oder Reh und Honig haben sich bereits bewährt. „Der Punkt ist: die Gerichte sollen durch den Honig lediglich akzentuiert werden, der Honig darf nicht zu dominant sein", sagt Jürgen Scharnagl. Mit Desserts wie dem „Gebirgsblütenhonigparfait im Baumkuchenmantel" hat das kostbare Erzeugnis der Bienen bereits seinen festen Platz in der Speisekarte und begeistert Gäste und Besucher des Alpenhofs aufs Äußerste.

Gebirgsblütenhonigparfait im Baumkuchenmantel mit Kirsch-Basilikum-Salat

Das Rezept zur Spezialität des Hauses finden Sie auf Seite 161

Scharnagl's Alpenhof
Zwerwaldstraße 28
D-87567 oder A-6991 Riezlern
☎ 00 43 (0) 55 17 / 52 76
www.scharnagls.de

Hotel Jungbrunn

„Das Beste von damals und das modernste von heute begleitet die Gäste im Alpinen Lifestyle Hotel Jungbrunn."

Tosca Maria Kühn, Autorin

Kaiserschmarrn

Das Rezept zur Spezialität des Hauses finden Sie auf Seite 161

Familie Gutheinz aus dem Tannheimer Tal ist von jeher für ihren Pioniergeist bekannt. So erbaute Vater Raimund in den späten 1950er Jahren den ersten Lift im Tal und begeisterte mit seinen Skiern und dem Slogan „Ob Hase oder Renngenie, jeder fährt den Gutheinz-Ski". Zum Skilift kam bald ein Café hinzu, schon damals im aufsehenerregenden Design. Sohn Markus ist der Tradition treu geblieben und hat an genau derselben Stelle vor wenigen Jahren zusammen mit seiner Frau Ulrika das erste Alpine Lifestyle Hotel der Welt eröffnet. Schon beim Betreten beeindruckt die einzigartige Kombination aus uriger Berghütten-Romantik und luxuriösem Penthouse-Chic. Die mit altem, wettergegerbtem Stadelholz verkleideten Stuben stehen in faszinierendem Gegensatz zum extravaganten Einrichtungsdesign und dem unkonventionellen Zusammenspiel von Farben und Materialien. Mitten im Hier und Jetzt erinnern überlebensgroße Schwarz-Weiß-Fotografien auf imposante Art und Weise an das Leben im Tal von anno dazumal.
Die Suiten tragen klangvolle Namen wie „Milch und Honig" oder „Bergfeuer" und, statt eines gewöhnlichen Bads, begeistern sie mit einer eigenen Wellnessoase. Und die Appartements und Zimmer verzaubern die Besucher mit ihrem Almhüttencharme sowie mit einem Panoramablick ins Tal oder auf den Hausberg Neunerköpfle. Das Hotel Jungbrunn bietet einen außergewöhnlichen Rahmen für einen besonderen Urlaub mit paradiesischen Spa- und Wellnesserlebnissen und kulinarischem Hochgenuss. Für Letzteren sorgen Küchenchef Alexander Marent und sein Bruder Christian. Die Küche des Duos begeistert sowohl mit erstklassigen Tiroler Gerichten wie Schlutzkrapfen, Tafelspitz oder Kaiserschmarrn im urigen Wirtshaus „Was Guats vom Berg" als auch mit dem allabendlichen 6-Gänge-Menü für höchste Ansprüche im Panoramarestaurant „Kulinarium". Ein Juwel für Feinschmecker ist die hoch ausgezeichnete Jungbrunnstube „Gourmet". Zu den führenden Restaurants in Tirol aufgestiegen, bietet sie die richtige Plattform für das außergewöhnliche Können von Christian Marent. Hier verführt er seine Gäste mit eindrucksvollen Geschmackskompositionen und kulinarischen Experimenten. Die mit Erfolg gekrönte Kombination – das Beste von damals und das modernste von heute – begleitet die Gäste durch unvergessliche Tage im Alpinen Lifestyle Hotel Jungbrunn und lässt sie immer wieder herkommen.

Hotel Jungbrunn
A-6675 Tannheim – Tirol
☎ 00 43 (0) 56 75 / 62 48
www.jungbrunn.at

„Man ist behütet in Jungholz – als Gast und als Einheimischer."

Andreas Jäger, Gastgeber

Landhotel Alpenhof – beim Kräuterwirt

Die Mutter des Kräuterwirts Andreas Jäger sollte in den 1930er Jahren eigentlich nur für einige Zeit aus Berlin in eine friedlichere Umgebung gebracht werden. Und so schickten ihre Eltern sie ins idyllische Jungholz, das der Familie durch schöne Urlaube ans Herz gewachsen war. Dass die junge Frau in Jungholz aber nicht nur sicher, sondern bald auch mit einem einheimischen Landwirt verheiratet sein würde, konnte damals noch keiner ahnen. Die beiden waren ein gutes Gespann, und schon bald wurde aus dem landwirtschaftlichen Betrieb eine kleine Pension und später ein Hotel. Heute haben Andreas Jäger und seine Frau Vera das, was damals seinen Anfang nahm, vollendet: Das Landhotel Alpenhof ist erstes Haus am Platz und mit seiner Kräuterküche die Nummer eins der Gastronomie in Jungholz. Direkt an der Skipiste gelegen und eingebettet in duftende Allgäuer beziehungsweise Tiroler Bergwiesen, ist das „Kräuterhotel" der ideale Ausgangspunkt, um herrliche Wanderungen, tolle Skitage oder spannende Entdeckungstouren durch Wälder und Wiesen zu erleben und dabei die vielfältige und außergewöhnliche Jungholzer Kräuterwelt zu erkunden. Mit der Klassifizierung „Kräuterwirt und Kräuterhotel" haben nicht nur in den Stuben und Zimmern des Alpenhofs wohlriechende Pflanzen Einzug gehalten, sondern selbstverständlich auch in der Küche: So bereitet Seniorchef Hubert Jäger heimisches Reh, Hirsch, Gams, Lamm, Kalb oder Rind mit aromatischen Kräutern aus den eigenen Wiesen rund um den Alpenhof. Das Schnitzel bekommt eine Kräuterpanade, die Forelle eine Kräuterfüllung und frische Salbeibutter dazu und der Lammrücken eine duftende Kräuterkruste. Schon das Frühstück steht ganz im Zeichen der Jungholzer Flora: Neben Kräuterquark und Kräuterbrot finden sich Melissensirup, Rosengelee von den eigenen Bauernrosen, Apfel-Ingwer-Minze-Marmelade oder auch ein deftiger Kräuterleberkäs.

Die über 70 verschiedenen Pflanzen im eigenen Kräutergarten wie Schlüsselblumen, Rotklee, Spitzwegerich, Frauenmantel oder Gänseblümchen werden gekonnt in die gesamte Speisekarte eingebunden. Besonders ausgefallen sind Süßspeisen wie die Jungholzer Kräuterparfaits, die Orangen-Rosmarin-Panna-Cotta oder der Schoko-Pfefferminz-Kuchen.

Es gäbe noch viel mehr zu erzählen über den „Kräuterwirt" im Herzen von Jungholz: beispielsweise über die Kräuterwanderungen mit Andreas Jäger, der so manch alte Geschichte kennt, oder aber über die Gastgeberin Vera Jäger, die die Kräuterzimmer so liebevoll mit Lavendel, Bergwiesenheu, Rosenduft und würzigen Kräuterseifen herzurichten weiß ... Doch jeder Gast sollte dieses naturnahe Haus am besten selbst entdecken und erleben.

Forellenfilets in Tomaten-Salbei-Butter mit Rosmarinkartoffeln

Das Rezept zur Spezialität des Hauses finden Sie auf Seite 162

Landhotel Alpenhof – beim Kräuterwirt
Am Sonnenhang 23
D-87491 oder A-6691 Jungholz
☎ 00 43 (0) 56 76 / 81 14-0
www.landhotel-alpenhof.com

Schinkenravioli

Hotel Hohe Linde, S. 145

Zutaten für 6 Personen

Nudelteig *1 kg Mehl | 9 Eier | 2 EL Olivenöl | etwas Salz*

Füllung *3 Karotten | 3 Zwiebeln | 1 Lauchstange | 10 schwarze Pfefferkörner | ½ l Weißwein | 1 kg gepökelter Averner Schinken | Kräutersträußchen von Petersilie, Thymian und Salbeiblatt | 3 EL Petersilie | Butter | 1 Eigelb*

Zubereitung

Für den Nudelteig alle Zutaten zu einem glatten Teig verkneten. Den Teig mindestens 1 Stunde ruhen lassen.
Für die Füllung 2 Karotten, 2 Zwiebeln und den Lauch klein schneiden, die Pfefferkörner im Mörser zerstoßen und alles in einem Topf mit Weißwein und etwas Wasser zum Kochen bringen. Den Schinken würfeln und zusammen mit dem Kräutersträußchen dazugeben. Alles circa 1 Stunde köcheln lassen. Eine weitere Karotte würfeln und kurz blanchieren. Eine weitere Zwiebel klein schneiden und zusammen mit der gehackten Petersilie und dem Gemüse-Schinken-Gemisch (Kräutersträußchen herausnehmen) in einer Pfanne mit Butter andünsten. Schließlich die Füllung nach Belieben abschmecken.
Den Nudelteig dünn ausrollen. Die Füllung in kleinen Häufchen auf der Hälfte des Teigs verteilen. Mit dem Eigelb die Ränder bestreichen, die andere Hälfte des Teigs darüberschlagen und um die Häufchen herum leicht andrücken. Mit einem Ausstecher oder einem Rädchen Ravioli machen und diese circa 10 Minuten in kochendem Salzwasser garen. Anschließend nochmals in Butter schwenken.

Seezungenröllchen

Hotel Hohe Linde, S. 145

Zutaten für 6 Personen

Fisch *3–6 Seezungen (entspricht 150–180 g pro Person)*

Sud *3 Schalotten | 1 Zwiebel | 1 Karotte | 2 gelbe Paprika | ½ l trockenen Weißwein | Kräutersträußchen von Lorbeerblatt, Petersilie und Thymian | 150 g Crème fraîche zum Verfeinern*

Lachsfarce *200 g Lachs | ¼ l Sahne | Saft von 1 Zitrone | Salz, Cayennepfeffer*

Zubereitung

Für den Sud Schalotten und Zwiebeln klein schneiden, Karotte und Paprika würfeln, und das gesamte Gemüse in einen Topf geben. Mit Wein und ½ Liter Wasser aufgießen, das Kräutersträußchen dazugeben und mit Salz und Pfeffer abschmecken. Im zugedeckten Topf circa 15 Minuten bei mittlerer Hitze köcheln lassen.
Für die Lachsfarce das Lachsfilet klein schneiden, mit der Sahne mixen und mit Zitronensaft, Salz und Cayennepfeffer abschmecken. Die Masse durch ein Sieb streichen und kalt stellen.
Die Seezungen filetieren, mit etwas Zitronensaft und Salz würzen. Mit der Lachsfarce bestreichen und einrollen. Die Röllchen zubinden und etwa 15 Minuten im vorbereiteten Sud ziehen lassen (dazu die Hitze reduzieren). Die Seezungenröllchen und das Kräutersträußchen herausnehmen, den Sud pürieren und durch ein Sieb passieren. Mit Salz und Pfeffer abschmecken und mit Crème fraîche schaumig rühren. Dazu passen verschiedene in Olivenöl gebratene Gemüse.

Gebirgsblütenhonigparfait im Baumkuchenmantel mit Kirsch-Basilikum-Salat

Scharnagl's Alpenhof, S. 155

Zutaten für 4 Personen

Baumkuchen *100 g Butter | 70 g Marzipan | 3 Eigelb | 1 Prise Vanillezucker | 1 Prise Salz | Zitronenabrieb von ¼ unbehandelter Zitrone | 40 g Mehl | 35 g Stärke | 3 Eiweiß | 100 g Zucker*

Gebirgsblütenhonigparfait *6 Eigelb | 2 Eier | 250 g Gebirgsblütenhonig | 30 ml Honigmet | ½ l Sahne*

Kirsch-Basilikum-Salat *200 g Kirschen | 1 EL Puderzucker | Grand Marnier nach Belieben | 5 Blätter Basilikum*

Zubereitung

Für den Kuchen etwas Butter schmelzen lassen und Stück für Stück das Marzipan einarbeiten. Eigelbe mit Vanillezucker, Salz und Zitronenabrieb verrühren und unter die Marzipanmasse heben. Mehl und Stärke vermischen und ebenfalls unterheben. Schließlich auch die mit Zucker steif geschlagenen Eiweiße vorsichtig unterziehen. Ein Backblech mit Backpapier auslegen und eine circa 1 bis 2 Millimeter dünne Teigschicht im Backofen bei etwa 180 °C vorbacken. Danach weitere, gleiche Schichten aufstreichen und backen. Etwas abkühlen lassen, kreisrunde Scheiben ausstechen und eine Kaffeetasse schichtweise damit auslegen. In den Gefrierschrank stellen.

Für das Honigparfait Eigelbe, Eier, Honig und Met im warmen Wasserbad aufschlagen, anschließend in Eiswasser wieder kalt schlagen und zuletzt die steif geschlagene Sahne unterziehen.

Die leicht angefrorenen Baumkuchen aus der Tasse nehmen und in der Mitte ausstechen. Die Honig-Ei-Masse in die Baumkuchenringe füllen und einfrieren.

Für den Kirsch-Basilikum-Salat die Kirschen entsteinen und mit Puderzucker, Grand Marnier und Basilikumblättern marinieren.

Kaiserschmarrn

Hotel Jungbrunn, S. 156

Zutaten für 4 Personen

¼ l Milch | 80 g Kristallzucker | 1 Prise Vanillezucker | 200 g feines Mehl | 1 Prise Salz | 6 Eier | 4 EL Butter zum Braten | 2 EL Rosinen, mit etwas Rum parfümiert | Puderzucker zum Bestäuben

Zubereitung

Milch, Zucker, Vanillezucker, Mehl und Salz zu einer glatten Masse verrühren.
Die Eier dazugeben und mit einem Schneebesen leicht unterheben.
In einer Pfanne Butter erhitzen, den Teig einfüllen und langsam anbacken.
Die Rosinen einstreuen, bei schwacher Hitze weiterbacken und dann wenden.
Das Ganze zwei- bis dreimal wiederholen, bis der Teig leicht goldgelb und ganz ausgebacken ist. Dann mit zwei Pfannenwendern den Teig in der Pfanne „zerreißen" und mit Kristallzucker karamellisieren. Den fertigen Kaiserschmarrn anrichten und mit Puderzucker bestäuben. Dazu kann Preiselbeermarmelade, Apfelmus oder Pflaumenkompott gereicht werden.

Forellenfilets in Tomaten-Salbei-Butter mit Rosmarinkartoffeln

Landhotel Alpenhof – beim Kräuterwirt, S. 159

Zutaten für 4 Personen

Fisch *4 Forellenfilets mit Haut* | *Salz und Pfeffer* | *Saft einer ½ Zitrone* | *Mehl zum Panieren* | *Fett zum Braten*

Tomaten-Salbei-Butter *6–8 frische Salbeiblätter* | *8 Cocktailtomaten* | *Butter, zerlassen*

Rosmarinkartoffeln *4 Kartoffeln* | *Rosmarin oder Petersilie* | *Butter, zerlassen*

Zubereitung

Die rohen Kartoffeln halbieren und in Salzwasser gar kochen.
Die Forellenfilets mit Salz und Pfeffer würzen, mit Zitronensaft beträufeln, in Mehl wenden und in einer heißen Pfanne mit Fett braten. Die Salbeiblätter in feine Streifen schneiden, zwei Blätter für die Garnitur zurückbehalten.
Die Cocktailtomaten halbieren und mit dem geschnittenen Salbei in Butter schwenken.
In einer Pfanne die Salzkartoffeln mit frischen Rosmarinnadeln oder klein gehackter Petersilie ebenso kurz in Butter schwenken.
Die Forellenfilets mit der Tomaten-Salbei-Butter übergießen und mit den Kartoffeln sowie den ganzen Salbeiblättern anrichten.
Dazu passt Blattsalat mit Garten- und Wildkräutern.

Rezeptverzeichnis

Adressverzeichnis

A

Allgäu-Vitalhotel Die Mittelburg 52
Ingrid und Karl Mayr
Mittelburgweg 1–3
87466 Oy-Mittelberg
☎ 0 83 66 / 18-0
📠 0 83 66 / 18-35
info@mittelburg.info
www.mittelburg.de

Landhotel Alpenhof – beim Kräuterwirt 158
Familie Jäger
Am Sonnenhang 23
D-87491 oder A-6691 Jungholz
☎ 00 43 (0) 56 76 / 81 14-0
📠 00 43 (0) 56 76 / 82 01 50
info@landhotel-alpenhof.com
www.landhotel-alpenhof.com

Restaurant & Brasserie Alte Post 94
Johann und Edith Kiesel
Promenadestraße 5
87527 Sonthofen
☎ 0 83 21 / 25 08
📠 0 83 21 / 68 75 0
info@altepost-sonthofen.de
www.altepost-sonthofen.de

Altstaufner Einkehr 118
Familie Michael Schmid
Bahnhofstraße 4
87534 Oberstaufen
☎ 0 83 86 / 71 93
📠 0 83 86 / 76 39
www.altstaufnereinkehr.de

Aran 22
Brotgenuss und Kaffeekult
Fischersteige 8
87435 Kempten
☎ 08 31 / 54 02 95 80
📠 08 31 / 54 02 95 85
die-seebohne-gmbh@web.de
www.aran.coop

Ayurveda-Hof Engel 38
Mühlenbergstraße 71
87448 Niedersonthofen
☎ 0 83 79 / 92 92 16
📠 0 83 79 / 9 29 40 60
dunja@ayurvedahof.de
www.ayurvedahof.de

B

Blaues Haus 120
Marc Hertlein
Freibadweg 2
87534 Oberstaufen
☎ 0 83 86 / 44 76
📠 0 83 86 / 45 23
info@blaueshaus-oberstaufen.de
www.blaueshaus-oberstaufen.de

Ferienhof Böck 56
Am Wiesenrain 5
87466 Oy-Mittelberg / Faistenoy
☎ 0 83 66 / 98 84 50 oder 4 39
📠 0 83 66 / 98 83 48
info@ferienhof-boeck.de
www.ferienhof-boeck.de

E

Kur- und Sporthotel Engel 128
Anerkannter Schrothkurbetrieb
Familie Schädler
87534 Oberstaufen-Buflings
☎ 0 83 86 / 70 90
📠 0 83 86 / 70 94 82
info@kur-sporthotel-engel.de
www.kur-sporthotel-engel.de

F

Filz Art – Filzwerkstatt 40
Elke Notz
Kempter Straße 3
87487 Wiggensbach
☎ 0 83 70 / 92 12 65
filz.notzart@googlemail.com

Flaschengeist 100
Christoph Blees
Bahnhofstraße 25
87509 Immenstadt
☎ 0 83 23 / 98 71 97
📠 0 83 23 / 98 71 98
chris_blees@yahoo.de

G

Museumsgasthaus Gromerhof 36
Familie Müller
Museumsstraße 4
87758 Illerbeuren
☎ 0 83 94 / 5 94
📠 0 83 94 / 14 70
gromerhof@t-online.de
www.gromerhof.de

H

Gasthof Hirsch 92
Familie Lambert
Am Scheid
87538 Obermaiselstein
☎ 0 83 26 / 36 14-0
📠 0 83 26 / 36 14-20
info@hirsch-obermaiselstein.de
www.hirsch-obermaiselstein.de

Hotel Hohe Linde 144
Familie Rimmele
Lindauer Straße 75
88316 Isny im Allgäu
☎ 0 75 62 / 9 75 97
📠 0 75 62 / 97 59 69
info@hohe-linde.de
www.hotel-hohe-linde.de

Holzofenbäckerei Schroth GmbH 76
Sonthofener Straße 8
87561 Oberstdorf
☎ 0 83 22 / 37 25
📠 0 83 22 / 60 68 11
info@holzofenbaeckerei-schroth.de
www.holzofenbaeckerei-schroth.de

J

Hotel Jungbrunn 156
Familie Markus und Ulrika Gutheinz
A-6675 Tannheim – Tirol
☎ 00 43 (0) 56 75 / 62 48
📠 00 43 (0) 56 75 / 65 44
hotel@jungbrunn.at
www.jungbrunn.at

K

Knoll's Baurestube 54
Ludwig und Gertrud Knoll
Marktstraße 10
87497 Wertach
☎ 0 83 65 / 13 33
℻ 0 83 65 / 7 07 23
info@baurestube.de
www.baurestube.de

Königliches Jagdhaus 74
Peter A. Strauss
Ludwigstraße 13
87561 Oberstdorf
☎ 0 83 22 / 98 73 80
℻ 0 83 22 / 8 00 31 68
info@koenigliches-jagdhaus.de
www.koenigliches-jagdhaus.de

Kräuterwerkstatt 64
Familie Ganseneder
Badstraße 11
87459 Pfronten
☎ 0 83 63 /9 28 92 09
℻ 0 83 63 / 92 79 04
info@kraeuterwerkstatt.com
www.kraeuterwerkstatt.com

Kulinarischer Kitzebichl 90
Familie Ritzinger
Flurstraße 5
87538 Bolsterlang
☎ 0 83 26 / 96 09
℻ 0 83 26 / 3 53 52
info@kitzebichl.de
www.kitzebichl.de

L

Lindner Parkhotel & Spa Oberstaufen 114
Argenstraße 1
87534 Oberstaufen
☎ 0 83 86 / 7 03-0
℻ 0 83 86 / 7 03-7 04
info.parkhotel@lindner.de
www.lindner.de

M

meyer's EssBar 24
Lydia Adolf
Edisonstraße 2
87437 Kempten
☎ 08 31 / 5 40 69 99
info@meyers-kempten.de
www.meyers-kempten.de

O

Oberstdorfer Dampfbier-brauerei GmbH 78
Bahnhofplatz 8
87561 Oberstdorf
☎ 0 83 22 / 89 08
℻ 0 83 22 / 88 77
post@dampfbierbrauerei.de
www.dampfbierbrauerei.de

Berggasthof Oytalhaus 82
Familie Redlich
Oytal 1
87561 Oberstdorf
☎ 0 83 22 / 8 03 81
℻ 0 83 22 / 80 07 84
oytalhaus@oytalhaus.de
www.oytalhaus.de

R

Metzgerei Rehle 102
Bernhard und Christiane Rehle
Marienplatz 14
87509 Immenstadt
☎ 0 83 23 / 63 03
℻ 0 83 23 / 71 16

Landgasthof Rössle 134
Beim Kräuterwirt
Familie Kulmus
Hauptstraße 14
88167 Stiefenhofen
☎ 0 83 83 / 9 20 90
℻ 0 83 83 / 92 09 49
info@roessle.net
www.roessle.net

S

Schankwirtschaft Wohlfart 62
Familie Wohlfart
Kienbergstraße 61
87459 Pfronten
☎ 0 83 63 / 92 87 95
℻ 0 83 63 / 92 87 96
wohlfart_plan@web.de
www.schankwirtschaft-wohlfart.de

Scharnagl's Alpenhof 154
Zwerwaldstraße 28
D-87567 oder A-6991 Riezlern
☎ 00 43 (0) 55 17 / 52 76
℻ 00 43 (0) 55 17 / 52 76-3
alpenhof@scharnagls.de
www.scharnagls.de

Schlossanger Alp Berghotel 60
Familie Schlachter-Ebert
Am Schlossanger 1
87459 Pfronten
☎ 0 83 63 / 91 45 50
℻ 0 83 63 / 91 45 55 55
info@schlossanger.de
www.schlossanger.de

Alpengasthof Hotel Schwand 80
Familie Tauscher-Kögel
Schwand 3
87561 Oberstdorf
☎ 0 83 22 / 50 81
℻ 0 83 22 / 23 40
info@hotel-schwand.de
www.hotel-schwand.de

Spiegel's Genusstreff 20
Sigrid und Volker Spiegel
Fischersteige 2
87435 Kempten
☎ 08 31 / 1 00 64
℻ 08 31 / 1 00 84
genusstreff@t-online.de
www.spiegels-genusstreff.de

Staufner Käs-Kuche 124
Käse & Mediterrane Spezialitäten
aus dem Traditionshaus
Bahnhofstraße 6
87534 Oberstaufen
☎ 0 83 86 / 72 09
℻ 0 83 86 / 72 09
📱 01 70 / 2 97 90 21
www.staufner-kaeskuche.de

Flair Hotel Sulzberger Hof 42
Simone und Hubert Schultes
Sonthofner Straße 17
87477 Sulzberg
☎ 0 83 76 / 92 13 30
📠 0 83 76 / 86 60
info@sulzberger-hof.de
www.sulzberger-hof.de

T
Thalkirchdorfer Dorfhaus GmbH 130
Kirchdorfer Straße 7
87534 Oberstaufen
☎ 0 83 25 / 95 80
📠 0 83 25 / 95 82
info@thalkirchdorfer-dorfhaus.de
www.thalkirchdorfer-dorfhaus.de

W
Landhaus Weller 34
Monika Kosche und Jürgen Weller
Wohlmutser Weg 2
87463 Dietmannsried/ Probstried
☎ 0 83 74 / 2 32 40 90
📠 0 83 74 / 2 32 40 91
info@landhaus-weller.de
www.landhaus-weller.de

Z
Brauereigaststätte Zum Stift 18
Jürgen Berkmiller
Stiftsplatz 1
87439 Kempten
☎ 08 31 / 2 23 88
📠 08 31 / 5 12 15 54
info@zum-stift.de
www.zum-stift.de

Neu in unserem Programm

EINE KULINARISCHE ENTDECKUNGSREISE ...
(Buchformat: 24,1 x 30,6 cm)

... durch München – Stadt und Land
Barbara Kagerer, Daniel Schvarcz
232 Seiten, Hardcover
ISBN: 978-3-86528-498-3

... durch das Oberallgäu
Tosca Maria Kühn, Yves Hebinger
168 Seiten, Hardcover
ISBN: 978-3-86528-490-7

... durch das Sauerland
Claus Spitzer-Ewersmann, Frank Pusch
128 Seiten, Hardcover
ISBN: 978-3-86528-487-7

... durch Vorarlberg
Claudia Antes-Barisch, Anja Böhme, Daniel Schvarcz
192 Seiten, Hardcover
ISBN: 978-3-86528-476-1

... durch das Hausruckviertel, Innviertel, Mühlviertel, Traunviertel, Mostviertel
Fünf Viertel in Ober- und Niederösterreich
Claudia Dabringer, Andreas Hechenberger, Chris Rogl
256 Seiten, Hardcover
ISBN: 978-3-86528-494-5

... durch das Wallis
Un voyage culinaire à travers le Valais
Klaus-Werner Peters, Rémy Steinegger
280 Seiten, Hardcover
ISBN: 978-3-86528-474-7

... durch das Berner Oberland
Karina Schmidt, Andreas Gerhardt
224 Seiten, Hardcover
ISBN: 978-3-86528-500-3

TRENDS UND LIFESTYLE
(Buchformat: 24,1 x 27,6 cm)

HOLSTEINISCHE SCHWEIZ
Herbert Hofmann, Dirk Fellenberg
152 Seiten, Hardcover
ISBN: 978-3-86528-481-5

BERGISCHES UND OBERBERGISCHES LAND
Susanne Schaller, Christel Trimborn, Gabriele Bender
144 Seiten, Hardcover
ISBN: 978-3-86528-472-3

GÖTTINGEN
Andreas Srenk, André Chales de Beaulieu
168 Seiten, Hardcover
ISBN: 978-3-86528-492-1

ARLBERG
Cornelia Haller, Christian Gufler
184 Seiten, Hardcover
ISBN: 978-3-86528-501-0

Englische Ausgabe:
ISBN: 978-3-86528-503-4

besteshandwerk
HANDWERK | DESIGN | KUNST | TRADITION
(Buchformat: 24,1 x 30,6 cm)

DÜSSELDORF UND UMGEBUNG
Silke Martin, Magdalena Ringeling, Christine Blei
176 Seiten, Hardcover
ISBN: 978-3-86528-485-3

ST. GALLEN UND UMGEBUNG
Christina Hitzfeld, Daniel Schvarcz
136 Seiten, Hardcover
ISBN: 978-3-86528-491-4

GESUNDHEIT UND WELLNESS
(Buchformat: 24,1 x 30,6 cm)

HAMBURG
Katrin Hainke, Bettina Schäfer, André Chales de Beaulieu
208 Seiten, Hardcover
ISBN: 978-3-86528-458-7

BODENSEE
Sigrid Hofmaier, Christian Bullinger
168 Seiten, Hardcover
ISBN: 978-3-86528-480-6

ISBN 978-3-86528-458-7
24,1 cm x 30,6 cm

Alle Titel erhalten Sie bei Ihrer örtlichen Buchhandlung.
Für weitere Informationen über unsere Reihen wenden Sie sich direkt an den Verlag:

UMSCHAU

Neuer Umschau Buchverlag
Theodor-Körner-Straße 7
D-67433 Neustadt/Weinstraße
☎ + 49 (0) 63 21/8 77-852
Fax + 49 (0) 63 21/8 77-866
@ info@umschau-buchverlag.de
www.umschau-buchverlag.de

Impressum

Recherche
Tosca Maria Kühn, Oy-Mittelberg

Texte
Tosca Maria Kühn, Oy-Mittelberg

Weitere Textbeiträge
Christoph Blees, Immenstadt (S. 106–109).

Fotografie
Yves Hebinger, Türkheim
www.foodExpose.de

Lektorat, Gestaltung und Satz
rubickdesign
Christine Rubick, Deidesheim

Herstellung
Heike Burkhart, Neustadt an der Weinstraße
Melanie Göhler, Neustadt an der Weinstraße

Karte
Thorsten Trantow, Herbolzheim
www.trantow-atelier.de

Druck und Verarbeitung
NINO Druck GmbH, Neustadt an der Weinstraße
www.ninodruck.de

Printed in Germany
ISBN: 978-3-86528-490-7

Besuchen Sie uns im Internet
www.umschau-buchverlag.de

Titelfotografie
Yves Hebinger, Türkheim
Landschaftsaufnahme: Blick auf die Pfrontner Berge
Die Foodaufnahme zeigt das Gericht Rinderfilet in Rotweinsud und Bergheu pochiert, zubereitet im Berggasthof Oytalhaus.

Wir bedanken uns für die freundlicherweise zur Verfügung gestellten Fotos bei:
Museumsgasthaus Gromerhof, Illerbeurgen (S. 36–37 alle Fotos bis auf Foodbild); Tosca Maria Kühn, Oy-Mittelberg (S. 50 unten); Allgäu-Vitalhotel Die Mittelburg, Oy-Mittelberg (S. 53 unten links); Holzofenbäckerei Schroth GmbH, Oberstdorf (S. 76); Das blaue Haus, Oberstaufen (S. 123 oben sowie unten rechts); Tourismusverband Tannheimer Tal (S. 69 sowie S. 150–151); Das Alpine Lifestyle Hotel Jungbrunn, Tannheim-Tirol, (S. 156–157 alle Fotos bis auf Foodbild).

Tosca Maria Kühn und Yves Hebinger